Zu diesem Buch *Dies ist kein Programm für notorische Rechthaber oder Konfliktvermeider. Hier lernen Sie die Spielregeln für faire und selbstbewußte Kommunikation kennen, und Sie erfahren, wie Sie schwierige Situationen oder Konflikte sowohl in Ihrem beruflichen Alltag als auch in Ihren persönlichen Beziehungen mit Einfühlung, Klarheit und Überzeugungskraft meistern. Der zweite Teil zeigt Ihnen, wie Sie der Gefahr entgehen, in die Rolle des Opfers, des Retters oder des Verfolgers zu geraten und damit eine destruktive Dynamik in Gang zu setzen.*

Die Autorin
Karin Mager, geb. 1952, Diplom-Psychologin, Kommunikationstrainerin und Mediatorin. Seit 1990 führt sie regelmäßig Seminare in Fairer Kommunikation durch. Autorin von «Faires Streiten – lebendige Partnerschaft» (München 1994). Restexemplare dieses Buches sowie das aktuelle Seminarprogramm sind bei der Autorin erhältlich:

Faire Kommunikation
Karin Mager
Clemensstr. 48
80803 München
Tel. / Fax 0 89 / 3 08 69 34
E-Mail: karin.mager@web.de

Karin Mager
Bevor Sie aus der Haut fahren
Wie Sie fair und selbstbewußt
Konflikte meistern

Rowohlt Taschenbuch Verlag

Redaktion Wolfgang Müller
Umschlaggestaltung Cordula Schmidt
(Abbildung: Mit freundlicher Genehmigung von British-
American Tobacco)

Originalausgabe
Veröffentlicht im Rowohlt Taschenbuch Verlag GmbH,
Reinbek bei Hamburg, Juni 1999
Copyright © 1999 by Rowohlt Taschenbuch Verlag GmbH,
Reinbek bei Hamburg
Innentypographie Daniel Sauthoff
Satz Fairfield und Neue Helvetica PostScript (PageOne)
Gesamtherstellung Clausen & Bosse, Leck
Printed in Germany
ISBN 3 499 60744 1

Inhalt

Einführung

«Du hörst mir nie zu!», «Du bist ein richtiger Egoist und denkst nur an dich!», «Du schaffst es wohl nie, pünktlich zu sein!»: Wer hat nicht schon einmal Anklagen in diesem Stil zu hören bekommen oder sie im Zorn selbst gesagt? Die wenigsten von uns sind dagegen gefeit, Auseinandersetzungen mit einer gehörigen Dosis Vorwürfe zu würzen. Unfaire Streiter machen immer die gleichen Fehler:

> Sie kritisieren mit Übertreibungen, Unterstellungen, Beleidigungen, Spott und drücken durch entsprechende Mimik und Gestik Mißachtung aus.

> Sie leugnen Verantwortung und suchen Entschuldigungen und Ausreden.

> Sie hören nicht zu und sagen statt dessen, was der andere tun oder lassen sollte.

> Sie lassen den anderen nicht an sich heran und reagieren nicht auf seinen Wunsch nach Aussprache und Klärung.

Vor diesem Hintergrund ist die spontane Reaktion einer Freundin zu verstehen, als ich ihr erzählte, daß ich ein Buch über faire Kommunikation schreibe: «Streiten ist was ganz Unangenehmes. Ich hasse das!» Denken Sie auch so?

Ich möchte Ihnen helfen zu entdecken, daß Streiten – ich nenne es lieber Faire Kommunikation – eine Kunst ist, die sich zu lernen lohnt. Sie hilft uns, intensiver miteinander in Kontakt zu kommen, und schafft eine wichtige Voraussetzung für erfüllte Beziehungen. Wenn Sie schwierige Situationen mit mehr Gelassenheit und bewußter Distanz angehen können, gewinnen Sie innere Stärke und Unabhängigkeit. Sie sind dann nicht mehr ein Spielball, der den Emotionen anderer Menschen ausgeliefert ist: «Wenn mich jemand wütend anmacht, werde ich auch wütend.» Wir können unser Repertoire an Reaktionen in Konfliktsituationen erweitern, so daß wir in zwischenmenschlichen «Notfällen» besseres Werkzeug als nur den Hammer der Wut und Anklagen zur Verfügung haben.

Die Einsicht *und* die Bereitschaft, unseren eigenen Kommunikationsstil zu überdenken und zu verbessern, wächst meist mit unseren leidvollen Erfahrungen aus immer wiederkehrenden Konflikten im Alltag – sei es in der Partnerschaft und Familie, am Arbeitsplatz oder mit Freunden und Nachbarn. Die Spielregeln der Fairen Kommunikation und der Konfliktbewältigung können wir genausogut lernen, wie wir im Laufe des Lebens vieles andere gelernt haben. Diese dann umzusetzen und zu leben ist ein Prozeß, der Zeit braucht, denn viele dieser Regeln vertragen sich nicht mit unseren gewohnten Verteidigungs- und Abwehrstrategien. Wir werden also immer wieder verführt sein, in alte Muster unfairer Kommunikation zurückzufallen.

Es ist keine leichte Sache, den «Hammer» beiseite zu legen, statt dessen die eigenen Gefühle und Bedürfnisse auszudrücken und Einfühlung für die Gefühle und Bedürfnisse anderer Menschen zu zeigen. Um in Frieden miteinander leben zu können, brauchen wir jedoch die Fähigkeit, Konflikte durch Faire Kommunikation zu meistern.

Konflikte willkommen heißen

In einer Untersuchung fand man heraus, daß anhand des Streitstils, den Paare bereits zu Beginn ihrer Partnerschaft zeigen, sich voraussagen läßt, ob die Partnerschaft glücklich und von Dauer sein wird. Dies stimmt sicher auch für andere Lebenszusammenhänge. Die berufliche Leistungsfähigkeit und der Erfolg eines Teams zum Beispiel werden getragen von der Kommunikations- und Konfliktfähigkeit der Führungskräfte und Mitarbeiter. Unter Personalentwicklern hat es sich längst herumgesprochen, daß *communication skills* Schlüsselqualifikationen sind, die maßgeblich zu einer positiven Firmenkultur und dem Erfolg eines Unternehmens beitragen.

In diesem Buch lernen Sie grundlegende Kommunikationsfertigkeiten kennen für den alltäglichen Umgang miteinander – beruflich und privat. Ich habe Beispiele aus verschiedenen Bereichen gewählt, wobei der berufliche Bereich überwiegt. Zum Thema Faire Kommunikation in der Partnerschaft verweise ich auf mein Buch «Faires Streiten – lebendige Partnerschaft».[1]

Konflikte können – wenn wir wissen, wie wir sie erfolgreich meistern – als Herausforderungen willkommen geheißen werden, denn in ihnen steckt großes Potential für ehrliche und offene Beziehungen. Erst durch gemeinsam gemeisterte Konflikte wissen wir, woran wir mit dem anderen sind. Unsere Beziehungen werden dann real und dauerhaft. Allerdings habe ich die Erfahrung gemacht, daß ein solches «Zusammenraufen» nur mit Menschen möglich ist, die die Bereitschaft mitbringen, über ihr eigenes Verhalten nachzudenken und es in Frage zu stellen.

Im ersten Teil dieses Buches – «Fair und selbstbewußt Konflikte meistern» – lernen Sie die Spielregeln Fairer Kommunikation[2] kennen. Sie erfahren hier, wie Sie erfolgreich kommunizieren, gerade auch in Konfliktsituationen, und wie Sie Ihre Interessen und Bedürfnisse vertreten, ohne die Interessen und Bedürfnisse anderer abzuwerten oder zu übergehen. Außerdem werden Sie lernen, wie Sie in schwierigen Situationen flexibel bleiben und immer wieder Ihre Perspektive wechseln: von der eigenen Sichtweise des Problems hin zur Sichtweise der anderen Person und wieder zurück. Die Fähigkeit zur Einfühlung in die Situation anderer und die Fähigkeit zum Selbstausdruck sind die Eckpfeiler der Fairen Kommunikation.

Manchmal werden Sie auch an Ihre Grenzen stoßen und feststellen müssen, daß Sie mit einer Person einfach sehr schwer klarkommen, weil sich bestimmte Kommunikationsmuster immer wiederholen. Auf solche Fälle gehe ich im zweiten Teil – «Wege aus destruktiven Kommunikationsmustern» – besonders ein. Hier stelle ich Ihnen ein Konzept aus der Transaktionsanalyse vor und beschreibe, worauf Sie achten sollten, um bestimmten destruktiven Mustern nicht immer wieder neue Nahrung zu geben.

Ich werde immer wieder einmal gefragt, weshalb ich nicht auf die Körpersprache in der Kommunikation ausführlicher eingehe. Sie ist ohne Zweifel sehr wichtig. Denn es macht natürlich einen großen Unterschied, ob Sie etwas in einem aggressiven Ton, unterstrichen mit entsprechenden Gesten sagen, oder mit entspannter Haltung und Stimme. An manchen Stellen hebe ich diesen Aspekt auch hervor. Die innere Einstellung, die Sie der anderen Person gegenüber in einem Konflikt einnehmen – also das, was Sie über die andere Person und die Ursachen des Konflikts denken –, wird sich zwangsläufig auch in Ihrer Stimme, Ihrer Mimik, Ihren Gesten und Körperhaltung ausdrücken. Die innere Einstellung zu verändern und zu lernen sich verbal aggressionsfrei auszudrücken, halte ich für wesentlicher als ein Kontrollieren der Körpersprache. Wenn Ihr Herz mitschwingt, wird auch Ihr Körper das entsprechend ausdrücken.

Ich möchte nicht die übliche Praxis übernehmen, im Text nur die männliche Form zu verwenden, zumal meine Seminarteilnehmer zu zwei Dritteln Frauen sind. Die weibliche und männliche Form immer gleichzeitig zu verwenden, halte ich aber für eine genauso unglückliche Lösung. So stecke ich in einem Dilemma: Wie spreche ich Sie als Leserinnen und Leser an und erreiche gleichzeitig, daß der Text sich flüssig lesen läßt? Deshalb habe ich mich entschieden, die männliche und weibliche Anrede öfters zu wechseln (wenn es allzu befremdlich klingt, habe ich das nicht ganz streng eingehalten).

Ich möchte nicht versäumen, meinen Freunden Nerissa Helmert, Christine Wachter, Günther Mohr und Ira Summer Dank dafür zu sagen, daß sie mich beim Schreiben unterstützt haben, indem sie das Skript gelesen und kritisiert haben. Ich verdanke ihnen viele wertvolle Anregungen und vor allem auch wichtige emotionale Unterstützung.

Die vier Prinzipien Fairer Kommunikation

〉〉〉〉 Wertschätzung statt Abwertung

Wie wir in Konfliktsituationen unsere Selbstachtung und auch die Würde und Selbstachtung unserer Konfliktpartner bewahren können.

Sie lernen, Abwertung – sowohl von sich selbst als auch die Abwertung anderer Personen – zu erkennen und zu vermeiden, und Sie erfahren, wie Sie durch einfühlendes Zuhören Ihre Wertschätzung der anderen Person ausdrücken.

〉〉〉〉 Selbstverantwortung übernehmen

Wie wir für die Befriedigung unserer Bedürfnisse selbst die Verantwortung übernehmen. Wie wir vermeiden, uns frustriert und unterschwellig aggressiv zu fühlen und anderen die Schuld dafür zuzuschieben, daß unsere Bedürfnisse nicht befriedigt werden.

Sie lernen, wie Sie Verantwortung für Ihre Gedanken, Gefühle und Handlungen übernehmen und das verbal auszudrücken. Mit zunehmender Erfahrung in Fairer Kommunikation und Konfliktbewältigung verlieren Sie die Scheu, in Konfliktsituationen die Initiative zu ergreifen, um für die Befriedigung Ihrer Bedürfnisse einzutreten.

〉〉〉〉 Balance halten

Wie wir eine Balance finden zwischen der Befriedigung eigener Bedürfnisse und der Rücksichtnahme auf die Bedürfnisse anderer Menschen.

Sie erfahren, wie Sie Ihre Anliegen und Bedürfnisse selbstbewußt ausdrücken und gleichzeitig einfühlend auf die Interessen und Bedürfnisse anderer Personen eingehen können.

>>>>   Lösungsorientierung

Wie wir für Konflikte dauerhafte Lösungen finden, statt nach Schuldigen zu suchen.

Sie erfahren, wie Sie im Konfliktgespräch das Ziel – eine für beide Seiten befriedigende Lösung – im Auge behalten und mit Hilfe einer geeigneten Konfliktbewältigungsstrategie eine Lösung erarbeiten.

Sie lernen in der Fairen Kommunikation sowohl kommunikative Fertigkeiten als auch Strategien der Konfliktbewältigung. Hier ein Überblick:

Kommunikationsfertigkeiten, die Sie entwickeln werden

> Sich klar und persönlich ausdrücken in Ich-Aussagen

> Abwertende Du-Botschaften erkennen und vermeiden

> Bedürfnisse ausdrücken, statt Verhaltensanweisungen zu geben

> Problemverhalten / Störungen sachlich beschreiben, ohne zu bewerten

> Gefühle direkt und vorwurfsfrei ausdrücken und mit Ärgergefühlen konstruktiv umgehen

> Abwehr / Widerstand erkennen und «umschalten» auf einfühlendes Zuhören

> Du-Botschaften anderer «entschärfen»

> Zwischen Bedürfnis- und Wertkonflikten unterscheiden

Diese Kommunikationsfertigkeiten werde ich im ersten Teil des Buches anhand von Beispielen vorstellen und erläutern.

Strategien für die Konfliktbewältigung

Das Hauptgewicht liegt in diesem Buch nicht auf dialektischen Konfliktbewältigungsmethoden. Es geht hier also nicht darum, wie Sie gewandt und trickreich Kontra geben, um die Oberhand in einem Konflikt zu behalten. Dieses Ziel würde dem Geist der Humanistischen Psychologie widersprechen, aus dem heraus die vier Prinzipien oben und das Modell der Fairen Kommunikation abgeleitet wurden. Die Anregungen für die Konfliktbewältigungsstrategien, mit denen ich Sie vertraut machen möchte, stammen im wesentlichen aus dem Gordon-Training.

〉〉〉〉 Das Konfrontationsgespräch

Das Konfrontationsgespräch ist die wichtigste Strategie der Konfliktbewältigung, Sie werden sie tagtäglich einsetzen können.

Beispiel: Sie sind für einen Termin auf Ihr Auto angewiesen. Eine Freundin hat es sich ausgeliehen, aber nicht zum vereinbarten Zeitpunkt zurückgebracht. Sie sind verärgert, weil Sie das Auto dringend brauchen, es jetzt aber nicht zur Verfügung haben, und weil Sie sich wünschen, sich auf diese Freundin verlassen zu können. Das Gespräch, das Sie mit Ihrer Freundin führen werden, wenn Sie das Auto endlich zurückbringt, wäre ein Konfrontationsgespräch. Damit können sie solche Bedürfniskonflikte austragen, in denen es darum geht, daß ein Ihnen wichtiges Bedürfnis nicht befriedigt wird.

Das besondere dabei ist, daß Sie bei einem Konfrontationsgespräch *nicht von vornherein* auf die konstruktive Mitarbeit Ihrer Konfliktpartner angewiesen sind. Sie können es auch mit Konfliktpartnern führen, die unwillig, abweisend, vorwurfsvoll oder gar aggressiv sind, denn Sie behalten bei diesem Gespräch das Ruder in der Hand und steuern es durch alle kommunikativen Untiefen. Sie werden sich aber durch eine einfühlsame Gesprächsführung darum bemühen, einen Saulus in einen Paulus zu verwandeln. Wie Sie das machen, erfahren Sie im Kapitel «Ein Konfrontationsgespräch erfolgreich führen». Hierzu brauchen Sie allerdings die Fertigkeiten, mit denen ich Sie in den Kapiteln davor vertraut machen werde.

⟩⟩⟩⟩ Der Umgang mit Wertkonflikten

Im Gegensatz zu einem Bedürfniskonflikt wie im Beispiel oben ist Ihr Ziel in einem Wertkonflikt, auf das Verhalten einer Person Einfluß zu nehmen, obwohl Sie persönlich nicht beeinträchtigt sind. Zum Beispiel: Sie möchten nicht, daß Ihr 16jähriger Sohn sein Geld überwiegend für Rockkonzerte, Discobesuche, CDs und ähnliches ausgibt, sondern etwas auf die hohe Kante legt. Sie haben also andere Wertvorstellungen über den Umgang mit Geld und möchten ihrem Sohn gern Ihre Wertvorstellungen «nahelegen». Dagegen sträuben sich die meisten Menschen. Wahrscheinlich wird auch Ihr Sohn Ihre Ratschläge nicht hören wollen, geschweige denn sie umsetzen. Das Problem bei diesem Konflikt liegt darin, daß Sie ihm nicht damit kommen können, sein Verhalten beeinträchtigte die Befriedigung eines Ihnen wichtigen Bedürfnisses (es sei denn, er möchte von Ihnen ständig Zuschüsse zu seinem Taschengeld, dann wäre es ein Bedürfniskonflikt). Ihr Sohn wird seinen Wunsch nach Selbstbestimmung geltend machen, Sie hingegen sorgen sich um seine persönliche Entwicklung.

Ein Vater wandte an dieser Stelle ein: «Das Gedeihen meiner Kinder ist mir ein wichtiges Bedürfnis. Sie sind doch auch ein Teil von mir.» Wie weit die Sorge um das Wohl der Kinder ein «Bedürfnis» ist, ab welchem Punkt Fürsorge in Bevormundung umschlägt und wie kluge Eltern diese Klippen der Elternschaft umschiffen – auf solche zweifellos wichtigen Fragen werden Sie vielleicht leichter eine Antwort finden, wenn Sie die Kapitel «Weshalb Sie zwischen Bedürfnis- und Wertkonflikten unterscheiden sollten» und «Wie Sie Wertkonflikte angehen können» gelesen haben.

⟩⟩⟩⟩ Die Jeder-gewinnt-Methode

Diese Strategie können Sie dann einsetzen, wenn Sie mit mehreren Personen, zum Beispiel Ihrer Familie oder einem Team, einen Konflikt klären möchten. Zu Ihren Aufgaben wird es jedoch gehören, zu Beginn eine gewisse Kooperationsbereitschaft aufzubauen. Denn ohne diese Voraussetzung werden Sie dieses stark strukturierte Vorgehen nicht umsetzen können.

Sie könnten diese Strategie anwenden, um beispielsweise in Ihrer Familie eine Regelung für die Aufteilung der Hausarbeit zu erarbeiten. Häufiger wird die Jeder-gewinnt-Methode jedoch in Arbeitsteams zum Einsatz kommen. Dort wird sie manchmal auch als «Win-Win-Methode» vorgestellt.

Sie finden die sechs Schritte dieser Konfliktlösungsmethode in den Anmerkungen kurz dargestellt.'3' Ich möchte hier nicht ausführlicher darauf eingehen, da sie in allen Büchern von Thomas Gordon und Linda Adams ausführlich erläutert wird. In meinem Alltagsleben habe ich sie noch nie eingesetzt, und ich vermute, daß sie auch viele meiner Leserinnen und Leser eher in Ausnahmefällen in ihrem Privatleben anwenden werden. Sollten Sie jedoch eine Führungsfunktion innehaben oder öfter vor der Aufgabe stehen, bei Gruppen- und Teamkonflikten moderieren zu müssen, so werden Ihnen die sechs Schritte der Jeder-gewinnt-Methode dabei helfen, den Konfliktlösungsprozeß zu strukturieren. Voraussetzung ist auf jeden Fall, daß Sie die kommunikativen

Grundfertigkeiten beherrschen wie in Ich-Aussagen sprechen, Du-Botschaften entschärfen und einfühlendes Zuhören.

>>>> Das partnerschaftliche Klärungsgespräch

Im Unterschied zum Konfrontationsgespräch, bei dem Sie Regie führen, sollten im partnerschaftlichen Klärungsgespräch alle Beteiligten mit den Regeln der Fairen Kommunikation vertraut sein (oder Sie lassen sich durch eine dritte Person – eine Mediatorin, einen Berater oder eine Paartherapeutin – begleiten). In einem wechselseitigen Dialog bemühen sich beide, in Ich-Aussagen zu sprechen und Du-Botschaften zu vermeiden. Und vor allem: Beide hören sich gegenseitig einfühlend zu. Damit das Gespräch nicht in gegenseitige Beschuldigungen entgleist, sollte streng auf die Einhaltung einer besonderen Regel geachtet werden: Jede Person darf erst dann zu den Äußerungen des anderen Stellung nehmen, wenn sie die Aussage ihres Gegenübers in eigenen Worten zusammengefaßt hat. Damit wird der sonst häufig auftretende Schlagabtausch vermieden, in dem es nicht mehr um das gegenseitige Verstehen und Erarbeiten von Lösungen geht, sondern nur darum, wer recht hat und sich durchzusetzen weiß.

Das partnerschaftliche Klärungsgespräch – für das die Beteiligten viel Bereitschaft zur Selbstkontrolle mitbringen sollten – empfiehlt sich dann, wenn die Konfliktparteien guten Willens sind, fair miteinander umzugehen. Ziel kann die Klärung von Bedürfnissen und Gefühlen in einem Konflikt sein und das Herausarbeiten einer Vereinbarung oder Lösung. Es eignet sich am besten für Paare und Freunde, die miteinander lernen wollen, Konflikte partnerschaftlich zu lösen.

Eine ausführliche Darstellung des partnerschaftlichen Klärungsgesprächs mit Beispielen finden Sie in meinem Buch

«Faires Streiten – lebendige Partnerschaft» (siehe Anmerkung 1).

In einer weniger strengen Form praktizieren wir partnerschaftliche Klärungsgespräche eigentlich immer dann, wenn wir in der Lage sind, im guten Einvernehmen miteinander Konflikte zu lösen. Denn dann hören wir einander zu, begegnen uns auf der Basis gegenseitiger Wertschätzung, respektieren andersartige Bedürfnisse und verhandeln über Lösungen, bis sie beiden Seiten gerecht werden. Viele Menschen müssen diese grundlegenden Kommunikationsfertigkeiten allerdings erst erlernen. Dabei soll Ihnen dieses Buch helfen.

Bedürfnisse:
die Basis unserer Kommunikation

In den kommenden Kapiteln werde ich Sie immer wieder dazu auffordern, statt andere zu beschuldigen und zu bewerten, sich auf Ihre Bedürfnisse zu besinnen und diese auszudrücken. Deshalb möchte ich kurz erläutern, was Bedürfnisse eigentlich sind.

Vereinfacht kann man Bedürfnisse als innere Signale unseres Körpers und unserer Seele verstehen, die nach Befriedigung drängen. Sie liegen unseren Gefühlen zugrunde. Werden unsere Bedürfnisse befriedigt, empfinden wir Freude und Lust. Wird ein Bedürfnis nicht befriedigt, empfinden wir Ärger, Trauer oder Angst. Bedürfnisse lassen sich unterscheiden in Bedürfnisse, die unser Überleben sichern. Sie werden physiologische Bedürfnisse genannt und schließen zum Beispiel Atmung, Nahrung, Bewegung und Schlaf ein. Daneben gibt es psychische Bedürfnisse, die mit der Gestaltung unseres Lebens zu tun haben, zum Beispiel das Bedürfnis nach Wertschätzung, Sicherheit oder Selbstverwirklichung.

Wie wichtig es ist, sich über die eigenen Bedürfnisse klarzuwerden, wird deutlich an einem Beispiel aus einem Seminar mit Marshall Rosenberg, dem Begründer des Konzepts der «gewaltfreien Kommunikation» [4]. Es zeigt sehr anschaulich, wie schwer es uns oft fällt, unsere Bewertungen aufzugeben und statt dessen unsere Bedürfnisse zu erkennen.

Beispiel: Das Gesuch eines Häftlings

Die Geschichte soll sich laut Rosenberg während eines Seminars in einem schwedischen Gefängnis zugetragen haben.[5] Ein Häftling beschrieb in einer Übung folgende Situation als Beispiel für Ärger.

Häftling: Vor drei Wochen reichte ich dem Gefängnis ein Gesuch ein, ich habe bisher nichts davon gehört.

Rosenberg: Als das passierte, fühltest du dich ärgerlich, warum?

Häftling: Ich habe dir doch gesagt, daß ich mich geärgert habe, weil sie nicht auf mein Gesuch geantwortet haben.

Rosenberg: Stop! Sage nicht, ich habe mich geärgert, weil sie ... Halte inne und werde dir bewußt, daß das, was du zu dir selbst sagst, dich so ärgerlich macht.

Häftling: Ich sage überhaupt nichts zu mir selbst.

Rosenberg: Halte inne und höre nur zu, was da innen bei dir passiert.

Häftling: Ich sage mir, daß sie keinen Respekt haben vor menschlichen Wesen, sie sind ein Haufen kalter, gesichtsloser Bürokraten ...

Rosenberg (freundlich): Stop, das reicht. – Also deshalb bist du ärgerlich?

Häftling: Was ist falsch daran, so zu denken?

Rosenberg: [...] Ich sage nicht, daß es falsch ist, so zu denken. [... Doch] es ist diese Art zu denken, die dich so ärgerlich macht. Jetzt konzentriere deine Aufmerksamkeit mal auf deine Bedürfnisse in dieser Situation.

Häftling: Ich brauche dieses Training, das ich beantragt habe. Wenn ich es nicht bekomme, dann ist sicher, so wie ich hier sitze, daß ich wieder in diesem Gefängnis lande, wenn ich rauskomme.

Rosenberg: Jetzt, wo deine Aufmerksamkeit auf deine Bedürfnisse gerichtet ist, wie fühlst du dich?

Häftling: Ich habe Angst.

Rosenberg gibt einige Erläuterungen – der Häftling schaut auf den Boden, etwas Grundlegendes hat sich in ihm verändert.

Rosenberg: Was geht in dir vor?

Häftling: Ich kann nicht darüber reden.

Nach einiger Zeit sagt er, daß er sich wünschte, er hätte das, was er heute gelernt hat, vor zwei Jahren schon gelernt, denn dann hätte er seinen besten Freund nicht getötet.

Es geht also darum, unsere Aufmerksamkeit auf unsere Bedürfnisse zu richten und mit dem Anklagen aufzuhören. Im Beispiel oben heißt das, wegzukommen von der Anklage «... sie sind ein Haufen kalter, gesichtsloser Bürokraten ...» hin zu der Erkenntnis: Ich brauche dieses Training, damit ich eine Chance habe, nach meiner Entlassung draußen Fuß zu fassen. – Mit dem Ausdruck seines Bedürfnisses wird der Häftling wahrscheinlich mehr Erfolg haben, bei der Gefängnisverwaltung auf Verständnis zu stoßen, als mit seiner Beschimpfung.

⟩⟩⟩⟩   Wie drücken Sie Ihre Bedürfnisse aus?
Ich möchte Ihnen an einem Beispiel zeigen, auf welch unterschiedliche Weise – mit entsprechenden Konsequenzen – wir Bedürfnisse häufig auszudrücken pflegen.

1. Bedürfnisse aggressiv ausdrücken
Beispiel: Kollege A hört ständig Radio. Seine Kollegin B hat Probleme, sich auf die Arbeit zu konzentrieren, und ist genervt. Sie sagt: «Dieses ewige Gedudel geht mir auf die Nerven. Können Sie das nicht endlich abstellen?» Schlimmstenfalls geht sie sogar hin und schaltet das Radio kommentarlos aus.

Kollegin B versucht also, ihre Bedürfnisse ohne Rücksicht auf die Bedürfnisse des Kollegen A mit Macht durch entsprechende Handlungsanweisungen oder Handlungen durchzusetzen. Zusätzlich wertet B durch entsprechende Formulierungen («dieses ewige Gedudel») die Bedürfnisse von A ab.

Diese Strategie, mit Ihren Bedürfnissen umzugehen, wird Ihnen – je nachdem wie exzessiv Sie sie betreiben – entweder den Ruf eintragen, «geradeheraus» und eine «ehrliche Haut» zu sein. Oder sie kostet Sie viele Freundschaften. Anscheinend wissen viele Menschen keinen anderen Weg, ihre Bedürfnisse auszudrücken, denn in Seminarrollenspielen höre ich immer wieder von Teilnehmern Lösungsvorschläge, die in diese Richtung gehen.

Auf einen Einwand möchte ich noch eingehen. Oft höre ich das Argument: «Aber der andere hat doch angefangen. Er hört schließlich ständig Radio.» – Klären zu wollen, von wem die Aggression ausging, wird Sie nicht weiterbringen. Was zählt ist, *wie* Sie Ihr Bedürfnis ausdrücken.

2. Mit Bedürfnissen resignativ umgehen

Bleiben wir beim **Beispiel von oben**: Kollege A hört ständig Radio. Seine Kollegin B hat Probleme, sich auf die Arbeit zu konzentrieren und ist genervt. Doch jetzt **denkt** Kollegin B nur, daß Kollege A rücksichtslos ist. Sie ist zwar frustriert und unzufrieden, sagt aber nichts. Wahrscheinlich geht B zu einer anderen Kollegin und klagt ihr ihr Leid.

Hier macht B nicht einmal einen Versuch, A zu sagen, wie es ihr geht. Statt dessen wertet sie sich selbst ab, indem sie ihre Bedürfnisse als nicht vermittelbar oder nicht wichtig genug ansieht. Sie ärgert sich insgeheim, reagiert aber resignativ, indem sie sich den Bedürfnissen anderer anpaßt.

Resignative Menschen drücken eigene Bedürfnisse – wenn überhaupt – nur sehr zaghaft und ohne Überzeugungskraft aus. Sie reagieren mehr, als daß sie die Initiative ergreifen, und sind deswegen oft frustriert und versteckt aggressiv.

Diese Strategie, um des «lieben Friedens willen» Konflikten aus dem Weg zu gehen, schadet langfristig Ihnen selbst und Ihrer Beziehung zu anderen Menschen. Sie sammeln innerlich eine Menge Groll gegen andere an, den Sie dann in Streßsituationen geballt entladen. Die Menschen, auf die Sie Ihre Wut entladen, haben dann oft Mühe nachzuvollziehen, weshalb Sie gerade jetzt so wütend sind, wo Sie sich doch sonst so bereitwillig allem fügen.

In der Transaktionsanalyse wird diese Dynamik «Rabattmarkensammeln» genannt. Vielleicht erinnern Sie sich noch: Rabattmarken gab es früher im Einzelhandel, wenn man etwas gekauft hat. Sie wurden in ein Heft geklebt, und wenn es voll war, bekam man einen kleinen Betrag, den Rabatt, dafür ausgezahlt. Die Transaktionsanalytiker haben dies auf das Sammeln von «Gefühlsrabattmarken» übertragen: Für jeden nicht ausgedrückten Ärger wird ein Punkt ins Heft geklebt, die Unzufriedenheit wird angesammelt. Wenn das Heft voll ist – «das Maß voll ist», wie der Volksmund so treffend sagt –, fühlt sich die Person dann berechtigt zu explodieren, also eine «Gefühlsauszahlung» vorzunehmen.

Neben dieser unheilvollen Gewohnheit, Ärgergefühle bis zum großen Krach anzusammeln, gibt es auch Menschen, die Mühe haben, ihren angestauten Ärger überhaupt zu spüren, geschweige denn auszudrücken. Statt dessen entwickeln sie psychosomatische Symptome (Kopfschmerzen, Herz- oder Magenbeschwerden usw.) oder werden depressiv.

3. Bedürfnisse selbstbewußt ausdrücken

Noch einmal dasselbe Beispiel: Kollege A hört ständig Radio. Seine Kollegin B hat Probleme, sich auf die Arbeit zu konzentrieren, und ist genervt. Sobald Kollegin B wahrnimmt, daß sie das Radio anfängt zu stören, sagt sie zum Kollegen A:

Du machst morgens, wenn du kommst, das Radio an und erst
abends wieder aus. Ich habe Probleme, mich auf die Arbeit zu
konzentrieren, wenn das Radio ohne Unterbrechung läuft, und
fühle mich sehr unwohl. Ich möchte gern mit dir darüber reden,
wie wir es künftig halten wollen, damit wir uns beide wohl fühlen.

(Zu Ihrer Orientierung: Positive Beispiele für Faire Kommunikation werden Sie wie in diesem Beispiel künftig nach
links herausgerückt finden und negative eingezogen.)

Hier drückt B ihr Unbehagen aus, ohne jedoch A zu beschuldigen oder abzuwerten. Sie beschreibt die Situation
ohne Bewertung und läßt offen, wie die Lösung aussehen
könnte. Denn es ist günstiger, gemeinsam über eine Lösung
zu verhandeln, als eine Lösung vorzugeben, durch die A sich
reglementiert fühlen könnte.

Wenn Sie Ihre Bedürfnisse in dieser Form klar und ohne
abzuwerten ausdrücken, erhöhen Sie die Wahrscheinlichkeit, daß sie erfüllt werden. Andere Menschen brauchen
nicht zu raten, was Sie brauchen oder gern hätten, weil Sie
direkt sagen, was Sie möchten oder wo Sie sich gestört fühlen. Das ist die Basis für eine klare und unmißverständliche
Kommunikation.

Unsere Probleme mit dem Ärger

In diesem Buch geht es immer wieder um das Gefühl, das wir in Konfliktsituationen am häufigsten empfinden, nämlich Ärger und Wut. Über dieses Gefühl und seine umfassendere Form, die Aggression, ist viel geforscht und geschrieben worden. Im Umgang mit Konflikten ist Ärger das Gefühl, mit dem wir am meisten Probleme haben: Die einen steigern sich sehr schnell und heftig in Ärger, sehen ihn als zwangsläufige Folge einer frustrierenden Situation an und wissen nicht, wohin mit ihrem Ärger. Andere wiederum haben Mühe, ihren Ärger überhaupt wahrzunehmen, weil sie sich solche Gefühle nicht erlauben. Sie suchen den Grund für eine frustrierende Situation eher bei sich selbst, fühlen sich schuldig und werden darüber immer depressiver. Ich möchte deshalb auf einige Mythen und Mißverständnisse beim Thema Ärger etwas ausführlicher eingehen.

⟩⟩⟩⟩ «Alter» Ärger braucht unser Mitgefühl

Aggression (lateinisch *ad-gredi* = *an etwas herangehen*) ist zunächst einmal nichts an sich Schlechtes, denn es bedeutet einfach, daß der Organismus Energie bereitstellt für eine Auseinandersetzung. Problematisch wird es erst, wenn wir damit unser Ziel, Einfluß zu nehmen und eine Situation zu unserer Zufriedenheit zu gestalten, nicht erreichen oder wenn uns als Kind der Ausdruck von Ärger oder anderer spontaner Gefühle ständig verwehrt wurde. Dieser angestaute und unterdrückte Ärger bekommt eine destruktive Qualität und wird zu Wut, Rachsucht, Haß oder äußert sich in selbstschädigendem Verhalten. Manche Psychologen nennen ihn «alten Ärger», also Ärger, der aus unserer Vergangenheit seine Energie bezieht, im Gegensatz zu spontanem Ärger als unmittelbare und angemessene Reaktion auf eine frustrierende Situation. Zusätzlich kompliziert wird die Sache noch dadurch, daß Ärger auch an die Stelle anderer Gefühle treten kann, die uns in der Kindheit nicht erlaubt wurden auszudrücken. Jungen dürfen beispielsweise auch heute noch oft nicht zeigen, wenn sie traurig sind («Ein Junge weint nicht»). Aber Ärger und Wut ist ihnen erlaubt auszudrücken. Umgekehrt dürfen Mädchen zwar eher Traurigkeit zeigen, aber nicht wütend sein. So wird unser Umgang mit unseren Gefühlen schon frühzeitig kompliziert und sogar für uns selbst oft undurchschaubar.

Ich selbst war bis zu meinem 25. Lebensjahr in einer «Traurigkeitsmaske» gefangen, das heißt, ich habe auf frustrierende, nicht meinen Erwartungen entsprechende Situationen meist mit Kummer und Resignation reagiert und habe die «Fehler» eher bei mir als bei anderen gesucht. Daß ich genausogut auch Ärger empfinden könnte, statt traurig zu sein, war mir nur schwer zugänglich, denn in Problemsituationen neigte ich zu der Überzeugung, daß etwas mit mir nicht stimmte. Umgekehrt gibt es Menschen, die in einer «Ärgermaske» gefangen sind und auf frustrierende Situationen immer mit Ärger auf andere reagieren.[6] Beiden Typen von Menschen fehlt die Fähigkeit, abwertungsfrei auf unterschiedliche Situationen zu reagieren. Im zweiten Teil gehe ich auf diese Thematik noch ausführlicher ein, wenn ich die Opfer-, Verfolger- und Retter-Haltung beschreibe, die Menschen oft einnehmen. Doch nun zurück zum Thema Ärger.

Menschen, die sehr unter «altem» Ärger leiden, werden wahrscheinlich nur im Rahmen einer Psychotherapie wirklich klären können, was dahintersteht, denn er ist ein Hinweis auf unverarbeitete traumatische Situationen aus der Kindheit. Gleichzeitig sind wir alle in Gefahr, in schwierigen Situationen aufgrund «alten» Ärgers übertrieben empfindlich zu reagieren.

Opfer-Mythen halten die Wut am Leben

Carol Tavris sieht in ihrem Buch «Wut – das mißverstandene Gefühl» Wut nur als *eine* – und normalerweise keine besonders glückliche – Möglichkeit zur Lösung von Problemen. Sie betont, daß ein wichtiger Unterschied besteht zwischen sporadischen Ärgergefühlen, die schnell wieder verrauchen, und einer Tendenz zur langgärenden Wut, bei der Menschen sich ständig selbst Dinge einreden, die ihre Gereiztheit und Wut am Leben halten.

Zum Beispiel kann sich jemand als unschuldig von einem aggressiven Nachbarn genervt wahrnehmen, nach einer gescheiterten Ehe als die ausgenutze Ehefrau oder nach einer Kündigung als der «gemobbte» Angestellte, der aufgrund der Intrigen der Kollegen gehen mußte. Diese Leidensgeschichten werden dann wieder und wieder erzählt. Solche Opfer-Mythen als Begründung für die Wut sind oft daran zu erkennen, daß jemand immer wieder die gleichen Worte und Formulierungen benutzt.

》》》》 Nährt das Ausdrücken von Wut die Wut, oder entlädt sie sich?

Häufiges Sich-Ärgern ist also oft die Folge einer Einstellung, die wir zu anderen Menschen und zum Leben schlechthin einnehmen. Wer glaubt, daß sich seine Mitmenschen absichtlich egoistisch und bösartig verhalten, wird oft Anlaß zum Ärgern finden. Auch wenn wir uns von den kleinen Ärgernissen des Alltags schnell aus der Ruhe bringen lassen, kann das ein Hinweis darauf sein, daß wir viel Frustration, also «alten» Ärger, angesammelt haben. Diesen Ärger wird man jedoch entgegen einer weitverbreiteten Ansicht durch Ausleben nicht unbedingt los. Manchmal scheint uns eine erste Abreaktion zwar zu erleichtern: Wenn wir jemanden anschreien oder mit einem Tritt gegen einen Gegenstand angestaute Bewegungsenergie abführen, haben wir vielleicht im ersten Moment den Eindruck, etwas von unserem Ärger loszuwerden. Doch wie eingehende wissenschaftliche Untersuchungen zeigen, führt Abreagieren von Ärger nicht zu einer körperlichen Beruhigung, sondern die Streßreaktion im Körper wird sogar gesteigert. So gehen zur Frage «Ärger ausdrücken oder besser nicht?» die Meinungen der Psychologen auseinander: Die einen vertreten die Ansicht, daß das Ausdrücken von Ärger und Wut in einem kontrollierten Rahmen und unter therapeutischer Begleitung sehr heilsame Wirkung haben kann. Auf der anderen Seite verweisen neuere Forschungsergebnisse darauf, daß das ungezügelte, unkontrollierte Ausdrücken von Wut eine aggressive und feindselige Haltung eher verfestigt. Carol Tavris schreibt in ihrem Buch «Wut – das mißverstandene Gefühl» (Seite 157): «Meistens, so können wir schlußfolgern, macht das Ausdrücken von Wut Menschen noch wütender, festigt eine wütende Haltung und begründet eine feindselige Angewohnheit. Wenn man sich bei momentanem Ärger still verhält und sich mit einer angenehmen Tätigkeit ablenkt, bis die Wut sich legt, besteht die Wahrscheinlichkeit, daß man sich besser fühlt [...], als wenn man sich in einem lautstarken Streit gehenläßt.»

Auch Daniel Goleman warnt in seinem Buch «Emotionale Intelligenz» (Seite 90): «Dem Zorn freien Lauf zu lassen ist [...], eine der schlechtesten Methoden, sich abzukühlen. Wutausbrüche treiben die Erregung des emotionalen Gehirns zumeist in die Höhe, so daß man sich hinterher noch zorniger fühlt. [...] Sehr viel wirksamer ist es, wenn man sich zunächst einmal abkühlt und sich dann konstruktiver und selbstsicherer dem anderen stellt, um den Streit beizulegen.»

Forschungsergebnisse zur physiologischen Seite des Ärgers

untermauern diese Ansicht. Dies gilt jedoch nicht für chronische Konflikte. Hier ist Wut oft die einzige Möglichkeit, etwas von der Anspannung zu entladen. Wut ist hier ein Signal, daß der Konflikt dringend gelöst werden sollte.

Häufiges Sich-Ärgern ist Gift für das Herz

Welch tiefgreifende schädigende Auswirkungen häufiges Sich-Ärgern auf die Körperchemie hat, zeigen langjährige Untersuchungen:

Ärger bewirkt neben der Steigerung von Blutdruck und Herzfrequenz vor allem die Ausschüttung von Adrenalin und Noradrenalin im Körper. Unter dem Einfluß dieser Hormone verändert sich die Oberflächenstruktur der Blutplättchen, die eine wesentliche Rolle bei der Blutgerinnung spielen. Dadurch erhöht sich das Risiko von Gerinnseln in den Herzkranzgefäßen.

Eine Studie der Harvard Medical School in Boston, in der über sieben Jahre mehr als 1300 Männer mit einem Durchschnittsalter von 61 Jahren beobachtet wurden, kam zu einem überraschenden Resultat: «Diejenigen Männer, die ihrem Ärger mit Fußtritten gegen Möbel oder Aggressionen gegen Mitmenschen Luft machten, hatten ein bis zu dreimal höheres Risiko, einen Herzanfall zu erleiden, als ihre ruhigeren Altersgenossen.»

Die Wahrscheinlichkeit, einen Herzanfall zu erleiden, ist noch bis zu zwei Stunden nach einem Wutausbruch verdoppelt (nach: Süddeutsche Zeitung, 30. 1. 1997).

Außerdem fanden Ärger-Forscher heraus: Menschen, die sich schnell ärgern, haben eine siebenfach höhere Sterblichkeitsrate. Dabei spielt es keine Rolle, ob sie diesen Ärger in sich «hineinfressen» oder aus der Haut fahren. Wie die Wissenschaftler erkannten, ist die Tendenz, sich zu ärgern, das eigentliche Gesundheitsrisiko für das Herz, noch vor Rauchen und Bluthochdruck (nach: Psychologie heute 5/1994 und 9/1997).

Häufiger Ärger wirkt also wie kleine Dosen von Gift, die wir uns selbst verabreichen, und die langfristig wahrscheinlichste Folge ist ein Herzinfarkt. Diese Ergebnisse widersprechen somit der weitverbreiteten Meinung, spontan seinen Ärger zu zeigen sei gesund. Carol Tavris zieht aus ihren Untersuchungen folgendes Fazit:

› Wenn feindselige Gefühle jemandem anderen gegenüber ausgedrückt werden, schwächen sich diese Gefühle dadurch nicht ab, sondern verstärken sich. Die Wut wird eingeübt.

› Die erfolgreichste Methode, Wut loszuwerden, ist Verständnis für die Beweggründe der anderen Person, die Auslöser der Wut ist. Und – so möchte ich hinzufügen – das Bearbeiten und Lösen von Konflikten.

Merkmale destruktiver und konstruktiver Konfliktaustragung

Destruktive	Konstruktive
Eine Auseinandersetzung über das Konfliktthema wird lange Zeit vermieden. *(Das bringt ja doch nichts.)*	Die Konfliktpartner erkennen das Problem und suchen frühzeitig nach einer einvernehmlichen Lösung.
Die andere Person bzw. ihre Bedürfnisse werden als das Problem angesehen, deshalb sprechen die Beteiligten in Du-Botschaften.	Alle Beteiligten bemühen sich, Bedürfnisse, Gefühle und die eigene Sichtweise vorwurfsfrei mitzuteilen, sprechen also in Ich-Aussagen.
Die Kommunikation ist indirekt und ungenau, und die Lösung des Problems wird leicht aus den Augen verloren.	Die Kommunikation ist offen und direkt und auf die Lösung des Konflikts orientiert.
Es bestehen nur geringe Bereitschaft und Fähigkeit, einander zuzuhören. Kontrahenten werden unterbrochen oder mundtot gemacht.	Jede Person hat ausreichend Gelegenheit, ihre Sichtweise des Problems zu schildern, und ihr wird einfühlend zugehört.
Die Auseinandersetzung beginnt häufig mit dem Vorschlag von Lösungen. *(Könnten Sie Ihren Urlaub nicht um drei Wochen verlegen?)*	Die Auseinandersetzung beginnt mit dem Herausarbeiten der Bedürfnisse aller Beteiligten. *(Welche Urlaubswünsche bestehen und warum?)*
Die Verantwortung für die eigenen negativen Gefühle, zum Beispiel Ärger, wird dem anderen angelastet.	Gefühle werden direkt ausgedrückt, ohne jedoch dem anderen die Schuld an dem Gefühl zu geben.
Es wird oft mehr mit Dritten über das Problem geredet als mit dem Konfliktpartner.	Die Konfliktpartner verhandeln ausschließlich miteinander über das Problem und mögliche Lösungen.
Zielrichtung ist recht behalten und siegen wollen.	Zielrichtung ist eine einvernehmliche Lösung (= Konsens).

Ärger als Ausdruck nicht befriedigter Bedürfnisse

Marshall Rosenberg, den ich in der Einführung bereits vorgestellt habe, sagt zum Thema Ärger: «Alles, was ich [...] klarmachen will, ist, sich bewußt zu sein, daß es dieses Denken ist, das uns ärgerlich macht. [...] Wenn mein Kopf voll ist von Bewertungen wie: die anderen lügen, betrügen, verschmutzen die Umwelt, sie sollten das nicht tun, sie sind habgierig, [...] wenn ich diese Art von Analyse habe, die beinhaltet, daß andere ‹fehlerhaft› sind, so sind diese Analysen, behaupte ich, einfach der tragische Ausdruck von nicht befriedigten Bedürfnissen.»

Rosenberg gibt zu bedenken, daß wir mit Anklagen und Beschuldigungen gerade nicht bekommen, was wir brauchen, denn: «Wenn ein anderer Beurteilungen aus meinem Munde zu hören bekommt, dann kann ich wirklich ziemlich sicher sein, daß meine Bedürfnisse nicht befriedigt werden. [...] Es ist sehr selten, daß ein Mensch sein Interesse auf meine Bedürfnisse richten kann, wenn ich meine Bedürfnisse in Begriffen ausdrücke, die ihn ins Unrecht setzen.»

Wenn wir also versuchen, unsere Bedürfnisse zu befriedigen, indem wir durch Beschuldigen und Abwerten versuchen, bei anderen Angst, Scham oder Schuldgefühle hervorzurufen, werden wir immer Verlierer sein. Denn selbst wenn die andere Person aus Beschämung oder Angst tut, was wir wollen, wird sie uns auf andere Weise dafür büßen lassen.

Ein Negativbeispiel: Weihnachtsplätzchen

Gemeinschaftliches Wohnen bietet reichhaltige Anlässe für Konfliktsituationen. Folgenden Konflikt erlebte ich vor vielen Jahren in einer Wohngemeinschaft. Ich hatte zu dieser Zeit eine sehr stressige Arbeit und bewohnte das Zimmer direkt neben der Küche. Man hörte jeden Laut, und ich wünschte mir nichts sehnlicher, als nach der Arbeit entspannen zu kön-

nen. Eine meiner Mitbewohnerinnen war Mutter eines zwei-
jährigen Jungen und gewöhnlich am Abend, wenn ich nach
Hause kam, in der Küche beschäftigt. Der Dialog, der eines
Abends stattfand – ich habe mich zu dieser Zeit noch nicht
mit fairer Kommunikation befaßt –, könnte so abgelaufen
sein:

Ich: *Ich bin ganz genervt von dem Lärm jeden Abend.*

Charlotte: *Kaum, daß du nach Hause kommst, verschwin-
dest du in deinem Zimmer. Du hast anscheinend überhaupt
keine Lust, mit uns zusammenzusein.*

Ich: *Ich habe eine stressige Arbeit, und ich finde, ihr könn-
tet da ruhig etwas mehr Rücksicht darauf nehmen. Ich kann
mich zu Hause überhaupt nicht entspannen.*

Charlotte: *Du denkst immer nur an dich. Als du eingezogen
bist, hast du gesagt, du möchtest gern in einer WG leben und
du wärst daran interessiert, uns näher kennenzulernen. Und
jetzt willst du immer bloß deine Ruhe haben. Du bist eine
richtige Egoistin, die nur an sich denkt.*

Ich: *Das finde ich eine gemeine Anschuldigung. Schließlich habe ich schon oft auf den Kleinen aufgepaßt, wenn du
abends was unternehmen wolltest. Das finde ich wirklich
fies, daß du so was zu mir sagst.*

Charlotte: *Ja, manchmal machst du auch was, wenn man
dich bittet. Aber die meiste Zeit nörgelst du hier bloß rum.*

Ich: *Die letzte Woche war jeden Abend, wenn ich nach
Hause kam, Hochbetrieb hier. Immer saßen Leute herum
und diskutierten ganz laut. In der Küche war es heiß und
dampfig. Es war eine ständige Hektik. Mir graut mittlerweile
davor, nach Hause zu kommen.*

Charlotte: *Ich habe Weihnachtsplätzchen für uns gebacken
– auch für dich!! Die werden wir ohne dich essen, wenn du
mir das so dankst.* (Geht wütend aus dem Raum.)

Dieses Beispiel veranschaulicht, wie wir gewöhnlich aneinander vorbeireden und Konflikte hochschaukeln: Jeder spricht von seinen eigenen Bedürfnissen, wobei diese häufig nur indirekt und als Anklage an den anderen zum Ausdruck kommen. Keiner gibt sich Mühe, erst mal hinzuhören, welche Bedürfnisse die andere Person hat, sondern klagt den anderen an. Solche Beispiele kennen Sie sicher auch zur Genüge. Im folgenden werde ich Ihnen zeigen, wie Sie sich konstruktiv in solchen Situationen verhalten können. Beginnen möchte ich mit dem Ausdrücken von Gefühlen.

⟩⟩⟩⟩ Drei verbreitete Irrtümer über Gefühle

Es gibt Situationen, in denen unser Ärger so stark ist, daß sich weniger die Frage stellt, *ob* wir diesen Ärger ausdrücken, sondern *wie* wir ihn ausdrücken. In diesem Kapitel erfahren Sie, wie Sie Gefühle vorwurfsfrei ausdrücken können. In einer Konfliktsituation müssen Sie allerdings noch mehr können: Sie brauchen die Fähigkeit, Konflikte sachlich zu beschreiben und die Bedürfnisse der anderen Person einfühlend zu hören. Wie Sie das machen, erfahren Sie in den folgenden Kapiteln.

Worauf sollten Sie achten, damit Ihr Ärger von der anderen Person überhaupt gehört werden kann, ohne daß sie abwehrt? Welche Fallen sollten Sie vermeiden? Oft meinen Menschen, daß sie über ihre Gefühle sprechen. Schaut man jedoch genau hin, tun sie genau das Gegenteil davon: Sie reden *über die andere Person*, und das oft abwertend und beschuldigend, Sie schieben ihr dabei die Verantwortung für das Problem zu.

Ich habe drei verbreitete negative Formen des Gefühlsausdrucks die drei Irrtümer über Gefühle genannt:

Der erste Irrtum: Du-Botschaft statt Ausdruck von Gefühlen

Häufig bezeichnen wir etwas als unser Gefühl, was bei genauem Hinsehen eine Beschuldigung, eine Abwertung oder eine Vermutung über die andere Person ist:

1. *Ich habe das Gefühl, Sie wollen mir nicht sagen, was wirklich los ist.*
2. *Ich spüre, daß du dich vor dieser Arbeit zu drücken versuchst.*
3. *Mein Gefühl ist, daß du bloß recht behalten willst.*
4. *Ich habe das Gefühl, du benutzt das als Vorwand, weil du eigentlich nicht willst.*
5. *Ich fühle mich gedemütigt, wenn du deine Witze immer auf meine Kosten machst.*

Das Vertrackte bei diesen Aussagen ist, daß in der Satzeinleitung beansprucht wird, von einem Gefühl zu sprechen, während im zweiten Teil des Satzes die andere Person bewertet wird. Unser tatsächliches Gefühl dahinter muß der andere indirekt erschließen. Hier einige Beispiele für solch problematische «Gefühlswörter», die – obwohl wir sie ständig benutzen – genau betrachtet keine Gefühle beschreiben. Sie sind kaschierte Beschuldigungen und Bewertungen, mit denen wir eine faire Kommunikation erschweren:

Ich fühle mich – benachteiligt – übergangen – hintergangen – abgelehnt – erniedrigt – nicht ernst genommen – gedemütigt – verachtet – mißverstanden – untergebuttert – ausgebeutet – ausgenutzt – bedrängt – bloßgestellt – brüskiert – eingeschüchtert – gepiesackt – schikaniert – vergewaltigt – verleumdet – verschaukelt – angeödet – angewidert – überfordert – überflüssig – im Stich gelassen – vernachlässigt – rücksichtslos behandelt – übervorteilt.

Wenn Sie beispielsweise zu jemandem sagen: «Ich fühle mich erniedrigt», so wird Ihr Gegenüber das unweigerlich innerlich in die Anklage «Du erniedrigst mich» übersetzen.

Es macht also keinen Unterschied, ob Sie Ihren Satz mit «Ich fühle mich» beginnen oder gleich sagen: «Du schikanierst mich.» Die andere Person hört eine Beschuldigung und wird entsprechend mit Widerstand und Verteidigung reagieren.

Wie Sie in einer konstruktiveren Weise über Ihre Gefühle sprechen können, erfahren Sie gleich im nächsten Abschnitt. Vorher möchte ich Ihnen noch die beiden anderen Irrtümer im Bezug auf Gefühle nennen.

Der zweite Irrtum:
Die Verantwortung für das eigene Gefühl abschieben

Häufig benutzen wir den *Auslöser* für unser Gefühl, um ihn zum *Grund* für unser Gefühl zu erklären, und schieben damit der anderen Person die Verantwortung dafür zu, wie wir uns fühlen:

Sie machen mich ärgerlich, wenn Sie während der Besprechung rauchen.

Du machst mich wütend, wenn du deine Schuhe nicht vor der Tür abputzt.

Wenn du so selten anrufst, **macht mich das** traurig.

Sie bringen mich noch dazu, daß ich wirklich sauer werde.

Du bringst mich zur Verzweiflung!/zur Weißglut!

Reize mich nicht! oder Mach mich nicht unglücklich!

Noch unfairer gehen wir vor, wenn wir *Schuldzuschreibung und Abwertung miteinander vermischen*:

Du machst mich wütend mit deiner Schlamperei!

Du raubst mir den letzten Nerv mit deiner Bummelei!

Sie legen es anscheinend darauf an, mich fertigzumachen.

Diese Rücksichtslosigkeit, mit der Sie Ihren Willen durchboxen, macht mich fertig!

Du bringst mich auf die Palme mit deiner ewigen Un-pünktlichkeit.

Wahrscheinlich sagt jeder von uns gelegentlich solche Sätze, um seinen Ärger auszudrücken. Ich beobachte in Seminaren oft, welche befreiende Wirkung es anscheinend auf die Zuhörer hat, wenn jemand im Rollenspiel als Bösewicht solche Sätze äußert, denn dann gibt es immer ziemlich viel Gelächter.

Selbstverständlich können andere Menschen durch das, was sie tun, bei uns bestimmte Gefühle auslösen. Doch welches Gefühl wir dann tatsächlich empfinden – ob Traurigkeit, Angst, Ärger oder Wut – und mit welcher Heftigkeit, hat mit unserer eigenen Persönlichkeitsstruktur zu tun und mit dem, was wir über die Situation oder die andere Person denken.

Ein Beispiel: Sie kommen von einer Dienstreise spätabends nach Hause. Ihr Partner ist nicht da, wie Sie eigentlich erwartet haben. Je nachdem, wie sicher Sie sich in Ihrer Partnerschaft fühlen und wie Ihre Vorerfahrungen sind, können Sie sehr unterschiedliche Gefühle erleben: Vielleicht sind Sie traurig, weil Sie sich einen liebevollen Empfang erhofft haben. Vielleicht sind Sie wütend, weil Sie denken: «Das ist wieder einmal typisch für ihn. Nicht mal eingekauft hat er.» Vielleicht haben Sie Angst, daß ihm was zugestoßen ist. Vielleicht machen Sie sich Gedanken, mit wem er jetzt zusammensein könnte, und empfinden heftige Eifersucht. Oder Sie sind ganz gelassen, weil Sie überzeugt sind, daß Ihr Partner einen triftigen Grund haben wird, wenn er jetzt nicht da ist.

In einem Konfliktgespräch ist es wichtig, genau zu trennen zwischen den Verhaltensweisen anderer und Ihren Gefühlen, die Sie als Reaktion darauf empfinden. Die andere Person trägt nicht die Schuld für Ihre Gefühle.

Der dritte Irrtum: Gefühle ausagieren statt ausdrücken

Viele Menschen meinen, Gefühle nicht direkt ausdrücken zu dürfen und agieren sie statt dessen mehr oder weniger direkt oder indirekt aus: sie knallen mit Türen, schimpfen und schreien laut herum, weinen vor Wut oder ziehen sich schweigend und mit beleidigtem Gesicht zurück und planen insgeheim Racheaktionen. Auch Unpünktlichkeit, überraschende Absagen, das Ablehnen eines Gefallens können Folgen indirekten Ausdrucks von Ärger und Gekränktsein sein, getreu dem Motto: «Du hast mir etwas angetan. Jetzt zahle ich's dir heim.» Hinter alldem stehen selbstabwertende Glaubenssätze wie:

Ich zähle nicht. – Ich kann mich nicht ausdrücken. – Ich bekomme ja doch nicht, was ich brauche. – Ich darf meine wahren Gefühle nicht zeigen.

Daß das vehemente Ausagieren von Ärger äußerst ungesund für Sie selbst ist und der Ärger dadurch nicht weniger wird, wissen Sie ja schon. Außerdem trägt eine solche Aktion nicht zur Verständigung bei, genausowenig wie indirekte, passive Aggression durch Beleidigtsein und Racheaktionen. Wenn Sie statt dessen direkt sagen, daß es Sie ärgert, beispielsweise den Abwasch allein zu machen, statt sich insgeheim zu ärgern und sich für den Rest des Abends zurückzuziehen, vereinfacht sich die Kommunikation erheblich. Denn damit wird der Fokus auf eine Lösung für die Störung gerichtet und nicht darauf, die andere Person Ihren Ärger und Ihr Gekränktsein spüren zu lassen.

Jetzt werden Sie vielleicht fragen: Und was mache ich, wenn ich tatsächlich sehr wütend bin und das erst mal herauslassen muß, bevor ich in Ruhe mit dem anderen reden kann? Im Kapitel «Eine Balance finden zwischen spontanem Ärgerausbruch und Bewußtheit im Umgang mit Ärger» (S. 49) gehe ich auf diese Frage ein.

》》》》   Gefühle direkt ausdrücken, ohne abzuwerten

Nachdem Sie so viele Beispiele für problematischen Umgang mit Gefühlen gehört haben, möchte ich Ihnen jetzt zeigen, wie Sie auf klare, nicht verletzende Weise Gefühle ausdrükken können.

Gefühle vorwurfsfrei benennen

Auf Seite 40 habe ich eine ganze Liste von problematischen Gefühlswörtern aufgeführt, mit denen wir tatsächlich keine Gefühle ausdrücken, sondern statt dessen jemanden beschuldigen. Hier nun eine Liste von Wörtern, mit denen Sie Ihr Gefühl vorwurfsfrei benennen können. Diese Liste ist nicht vollständig, sondern enthält nur eine Auswahl von Gefühlen, die wir in Konfliktsituationen häufig erleben:

Ich ärgere mich. – Ich bin ... sauer – wütend – empört – aufgebracht – aufgewühlt. – Mir platzt der Kragen. – Ich könnte aus der Haut fahren. – Ich könnte vor Wut aus dem Fenster springen. – Mir stehen die Haare zu Berg.

Ich habe Angst. – Ich bin ... überrascht – erschrocken – entsetzt.

Ich bin ... traurig – verletzt – ratlos – bestürzt – fassungslos – enttäuscht – unsicher – verzweifelt – eifersüchtig. – Mir ist das peinlich.

Wie Sie an den Beispielen sehen können, ist ein direkter Gefühlsausdruck, in dem Sie die Verantwortung für Ihr Gefühl behalten und die andere Person nicht abwerten, keineswegs ein frömmlerisches Herumsäuseln, wie manche befürchten, sondern kann sehr kraftvoll sein.

Manche wenden an dieser Stelle ein, daß die andere Person aus Sätzen wie: «Ich bin sauer» oder «Ich könnte aus der Haut fahren» trotzdem heraushören könnte: *«Du bist der*

Grund, daß ich sauer bin.» – Ich empfehle Ihnen hierzu einen Selbstversuch. Achten Sie in Streitgesprächen mal darauf, wie Sie selbst es erleben, wenn jemand sagt:

> *Du bringst mich auf die Palme mit deiner ewigen Un-pünktlichkeit. Auf dich ist einfach kein Verlaß.*
>
> Oder statt dessen: *Ich bin sauer, weil ich schon seit 20 Minuten hier in dieser Kälte auf dich warte.*

Ich vermute, es wird Ihnen mit der zweiten Formulierung leichter fallen, Verständnis für den Ärger der anderen Person zu empfinden. Wenn wir dagegen mit einer Du-Botschaft wie der ersten Formulierung angegriffen werden, werden wir uns eher verteidigen und vielleicht auch eine Du-Botschaft zurückballern im Stil von: «Du regst dich immer ganz unnötig auf. Sei doch nicht so kleinlich!»

Neben dem Ausdrücken des Gefühls beschreiben, worin das Problem besteht und was Sie wahrnehmen

Doch mit der korrekten Benennung Ihres Gefühls ist es noch nicht getan. Damit für die andere Person wirklich klar ist, was los ist, sollten Sie außerdem beschreiben, worin das Problem für Sie besteht oder was Sie wahrnehmen. Ich möchte dafür auf die Beispiele von vorhin zurückkommen:

❭ **1 Statt** *Ich habe das Gefühl, Sie wollen mir nicht sagen, was wirklich los ist* sagen Sie besser: *Ich bin verärgert darüber, daß Sie zum zweiten Mal den Liefertermin verschieben, denn ich brauche die Ware dringend.*

❭ **2 Statt** *Ich spüre, daß du dich vor dieser Arbeit zu drücken versuchst* sagen Sie besser: *Mir fällt auf, daß du mit dem Bericht noch kaum vorangekommen bist und immer wieder aus dem Raum gehst, um mit anderen zu plaudern. Dabei warte ich auf die Daten. Was ist los?*

❭ **3 Statt** *Mein Gefühl ist, daß du bloß recht behalten willst* sagen Sie besser: *Ich bin frustriert, weil wir jetzt schon eine ganze*

Weile über den Punkt diskutieren, ohne zu einem Ergebnis zu kommen.

> **4 Statt** *Ich habe das Gefühl, du benutzt das als Vorwand, weil du eigentlich nicht willst* sagen Sie besser: *Ich bin verunsichert, weil ich nicht weiß, was genau los ist. Vorhin hast du gesagt: … und jetzt sagst du: …*

(Um unklare Kommunikation aufzulösen, ist es sehr hilfreich, Äußerungen anderer wortwörtlich zu zitieren.)

> **5 Statt** *Ich fühle mich gedemütigt, wenn du deine Witze immer auf meine Kosten machst* sagen Sie besser: *Als ich über einen Witz von dir nicht gelacht habe, hast du vor unseren Freunden gesagt, ich sei humorlos. Darüber habe ich mich geärgert.*

Wenn Sie sich diese Beispiele anschauen, werden Sie sehen, daß die Sätze länger geworden sind. Ihre Wahrnehmung einer Situation und Ihr Gefühl dazu darzustellen braucht mehr Zeit, Nachdenken und Nachspüren als einfach ein Urteil über den anderen hinzupfeffern. Im nächsten Kapitel «Wie Sie Konflikte ansprechen» erfahren Sie noch genauer, worauf Sie bei Ich-Aussagen achten sollten.

Die eigene Verantwortung für Ihr Gefühl herausstellen

Einige Seiten vorher habe ich im Abschnitt «Der zweite Irrtum» im Umgang mit Gefühlen gesagt, daß Sie für Ihre Gefühle selbst verantwortlich sind und niemand sonst. Selbst wenn eine andere Person durch ihr Verhalten in Ihnen ein bestimmtes Gefühl auslöst, haben Sie immer noch die Möglichkeit, selbst zu steuern, *welches* Gefühl Sie jetzt *wie* intensiv erleben. Oft läuft das natürlich nicht bewußt ab, sondern wir haben seit unserer frühesten Kindheit gelernt, welche Gefühle wir besonders häufig aktivieren. Prinzipiell haben Sie es jedoch in der Hand, statt sich zum Beispiel in einer bestimmten Situation noch mehr in Ärger hineinzusteigern, einen Moment nachzudenken, bewußt umzuschalten und gelassen zu reagieren.

An dieser Stelle protestieren gewöhnlich meine Zuhörerinnen und sagen: «Aber wenn's doch wirklich so ist, daß mich der andere wütend macht!» Ich möchte Ihnen dazu ein eigenes Erlebnis erzählen, an dem mir sehr klar wurde, wie wir uns unseren Ärger selbst schaffen:

In dem Park, in dem ich häufig morgens jogge, fiel mir auf, daß jeden Morgen um die Abfalleimer herum der ganze Inhalt verstreut war. Oft wenn ich das sah, ärgerte ich mich über diese gedankenlosen Leute, die anscheinend nicht imstande waren, den Abfall *in* die Eimer zu werfen. Eines Tages beobachtete ich, wie ein Eichhörnchen sich über einen Abfalleimer hermachte und den ganzen Inhalt auf der Suche nach Freßbarem hinauswarf. Das amüsierte mich sehr. Seitdem ärgere ich mich nicht mehr, wenn ich den Abfall um die Körbe herum verstreut sehe, sondern schmunzele.

Es bedarf manchmal also nur einer neuen Information, schon verpufft der Ärger. Wir glauben, wir hätten einen guten Grund, uns zu ärgern, oder jemand macht uns wütend. Tatsächlich steigern wir uns selbst in den Ärger hinein durch unsere Deutung der Situation. Gefühle werden stärker beeinflußt durch unser Denken als durch äußere Fakten. Wir sind ihnen nicht machtlos ausgeliefert, sondern können unser Denken verändern. Das zu erkennen kann Ihnen helfen, Konflikte zu entwirren.

Ihren inneren Dialog mitteilen

Um aus den negativen Mustern herauszukommen, empfiehlt Rosenberg sogar, einen Schritt weiterzugehen und die eigene Verantwortung für unseren Ärger herauszustellen, indem wir unseren inneren Dialog mitteilen. Er schlägt vor:

Statt *Ich fühle mich ärgerlich, weil du immer zu spät kommst* sollten wir besser sagen: *Ich fühle mich ärgerlich, wenn du später kommst,* **weil ich mir dann sage** (oder: **weil ich dann denke**), *ich bedeute dir nichts und dir ist gleichgültig, wie lange ich hier sitze und auf dich warte.*

Hier sagen Sie zwar Ihre negativen Gedanken über die andere Person, aber Sie machen deutlich, daß es *Ihre eigenen Gedanken* sind, mit denen Sie sich das Leben schwermachen.

Ihre Wünsche äußern

Rosenberg schlägt als eine weitere Möglichkeit, mit Gefühlen umzugehen vor, unser Gefühl zu nennen und dazu zu sagen, was wir uns *gewünscht* …, was wir *gebraucht* … oder vom anderen *erhofft* hätten. Das könnte sich so anhören:

Statt *Ich fühle mich übergangen, weil Sie schon wieder Ihren Urlaub einfach in die Liste eingetragen haben, ohne ihn mit mir abzustimmen.*

Besser *Ich bin ärgerlich, weil ich mir gewünscht hätte, daß Sie dieses Jahr Ihren Urlaub mit mir abstimmen, bevor Sie ihn in die Urlaubsliste eintragen.*

Statt *Ich fühle mich ausgenutzt, wenn ich jedes Wochenende den Einkauf allein mache.*

Besser *Ich bin ärgerlich, weil ich mir gewünscht hätte, daß du von dir aus mal vorschlägst, den Einkauf zu übernehmen.*

Eine noch bessere Lösung zum Umgang mit Gefühlen sehe ich aber darin, möglichst frühzeitig – also bevor Sie schon Ärger angesammelt haben – Ihre Wünsche mitzuteilen und beispielsweise zu sagen:

Ich wünsche mir, daß wir künftig den Urlaub miteinander absprechen, bevor Sie ihn in die Urlaubsliste eintragen.

Ich möchte gern, daß wir eine neue Regelung für den Wochenendeinkauf finden, weil ich ihn bisher immer allein mache.
Ich möchte mich gern für eine halbe Stunde zurückziehen, weil der Tag sehr anstrengend für mich war.

Damit übernehmen Sie selbst die Verantwortung für die Erfüllung Ihrer Bedürfnisse, statt darauf zu warten, daß jemand Ihre Unzufriedenheit bemerkt oder Ihre Wünsche errät.

Wie Sie an den Beispielen oben sehen, haben Sie verschiedene Möglichkeiten, Ihre Gefühle und Bedürfnisse ohne Abwertung und Schuldzuweisung auszudrücken. Damit schaffen Sie eine gute Basis, daß andere in Konfliktsituationen bereit sind, Sie anzuhören und sich nicht verletzt oder genervt abwenden.

▸▸▸▸ Eine Balance finden zwischen spontanem Ärgerausbruch und Bewußtheit im Umgang mit Ärger

Manchmal äußern Menschen die Befürchtung, sie dürften künftig nur noch ganz rational und kontrolliert mit Konflikten umgehen. Für sie mag es entlastend sein, sich vorzustellen, daß Konflikte unterschiedliche Phasen durchlaufen können (aber keineswegs müssen). Sie entlasten sich damit von der Forderung an sich selbst, als «faire Streiter» Ihre Gefühle immer unter Kontrolle halten zu müssen.

Grob unterteilt könnte man bei Konflikten von zwei Phasen sprechen: die heiße Phase zu Beginn, in der Ärger und Wutgefühle im Vordergrund stehen – man könnte sie die Phase des Abreagierens nennen –, und daran – hoffentlich – anschließend eine Phase, die mehr vom Verstand geleitet wird: die konstruktive Klärungsphase.

Die folgende Empfehlung richtet sich vor allem an Menschen, die daran interessiert sind, ehrlich miteinander umzugehen und Konflikte zu lösen. Denn Ärger direkt und unmittelbar zeigen zu dürfen, ohne daß dies bleibenden Beziehungsschaden anrichtet (wie Distanz und emotionalen Rückzug), erfordert auf jeden Fall eine vertrauensvolle, tolerante Beziehung, in der wir uns zugestehen können, auch mal aus der Haut zu fahren. (Doch auch da besteht die Gefahr, daß das zu einer «schlechten Angewohnheit» wird mit all den negativen Konsequenzen, die ich zu Beginn dieses Kapitels beschrieben habe.)

Bei Auseinandersetzungen im unpersönlichen Rahmen, zum Beispiel am Arbeitsplatz, sollten Sie sich genau überlegen, inwieweit Sie sich einen Ärgerausbruch zugestehen. Manchmal mag es hilfreich sein, um zu zeigen, wie wichtig Ihnen eine Angelegenheit ist oder wie sehr Sie sich verletzt fühlen. Doch Sie müssen damit rechnen, daß Ihr Gegenüber womöglich mit offen ausgedrücktem Ärger nicht umgehen kann. Da es sehr viele aggressionsgehemmte Menschen gibt, können Wutausbrüche auch viel Porzellan zerschlagen, ohne daß danach eine Klärung möglich ist. Manchmal mag es jedoch auch Situationen geben, wo gerade durch ein ärgerliches «Verdammt noch mal, ich möchte gern, daß wir für diese leidige Frage endlich eine Lösung finden» den anderen Beteiligten klar wird, wie sehr es Ihnen am Herzen liegt, daß endlich ein Lösungsprozeß in Gang kommt.

In der ersten Phase eines akuten Ärgerausbruchs drücken Sie deutlich aus, daß Sie unmittelbar betroffen und folglich ärgerlich, wütend oder verletzt sind. In diesem Moment werden häufig Beschuldigungen wie «Du bist rücksichtslos und denkst nur an dich» oder «Hier macht doch jeder, was er will» geäußert. Diese Freiheit, auch mal heftig zu werden und eine garstige Bemerkung zu machen, sollten Sie sich in einer soliden Partnerschaft gelegentlich einräumen, am besten indem Sie den *Inhalt* der Äußerung gnädig vergessen.

Nehmen Sie die *Heftigkeit der Wutreaktion* als Signal für die Dringlichkeit des Problems, gönnen Sie sich eine Pause zum Abkühlen der Emotionen (die auch mal einige Tage dauern kann), und bemühen Sie sich dann um eine Klärung des Konflikts. Denn ganz egal, wieviel von Ihrem Ärger Sie sich erlauben auszudrücken, wenn Sie in der ersten Phase stekkenbleiben und nicht an einer Lösung des Problems arbeiten, wird sich der Streit bald in ähnlicher Form wiederholen. Für viele Menschen ist das tatsächlich traurige Realität, da sie nicht wissen, wie sie miteinander zu konstruktiven Lösungen kommen können. Für diese wichtige Phase der konstruktiven Klärung benötigen Sie die Regeln der Fairen Kommunikation, die Sie hier kennenlernen.

Wie Sie Konflikte ansprechen

▸▸▸▸ Konflikte anheizen mit Du-Botschaften

Stellen Sie sich vor, Sie arbeiten mit einer Kollegin zusammen, die sich in letzter Zeit angewöhnt hat, morgens 10 bis 15 Minuten später zu kommen, obwohl an ihrem Arbeitsplatz ab neun unentwegt das Telefon klingelt. Sie haben dann beide Telefone allein zu bedienen und geraten in Hektik. Was sagen Sie? Hier eine Kostprobe der Vorschläge aus meinen Seminaren:

> *Na, auch schon da! Dir fällt's wohl schwer, morgens aus dem Bett zu kommen!*
>
> *Weißt du eigentlich, daß hier morgens die Hölle los ist! Ich fühle mich von dir total im Stich gelassen.*
>
> *Du kommst einfach, wann's dir paßt! Das macht mich sauer.*
>
> *Du brauchst anscheinend mal 'ne neue Uhr. Jeden Morgen kommst du zu spät.*

Nach den Regeln der Fairen Kommunikation sind das Du-Botschaften, weil sie abwertend sind.

Weshalb sprechen wir in Du-Botschaften?

Wie wir kommunizieren, insbesondere in Konfliktsituationen, haben wir schon in der frühesten Kindheit von unseren Eltern und anderen Personen abgeschaut. So haben die meisten von uns gelernt, statt über die eigenen Gefühle und unbefriedigten Bedürfnisse über das (Fehl-)Verhalten anderer zu sprechen und andere abzuwerten. Du-Botschaften sind bequem, weil sie kein langes Nachdenken erfordern, anderen Personen den Schwarzen Peter zuschieben und sie zur Rechtfertigung zwingen. Du-Botschaften sind unsere Angriffs- und Verteidigungswaffen im täglichen Kleinkrieg, sie zermürben und stiften Unfrieden. Wenn wir in der Du-Form sprechen, halten wir uns für überlegen und meinen, im Recht zu sein. Mit Du-Botschaften verteidigen wir unser Selbstwertgefühl, nur leider geschieht das auf Kosten der anderen Person. Wenn wir in dieser Form sprechen, haben wir das Verlangen, uns von jeder Schuld freizusprechen. Dieses tiefe Gefühl, selbst nicht in Ordnung und irgendwie schlecht und schuldig zu sein, ist der eigentliche Motor der Du-Botschaft. Wer von sich selber das Bild hat, perfekt und fehlerfrei sein zu müssen, hat ein starkes Verlangen, mögliche Fehler und Schwächen anderen anzulasten.

tatt *Ich fühle mich verletzt, wenn du mir sagst, daß ich sofort meine Sachen wegräumen soll. Ich hätte es eh gleich getan,*

sagt so jemand aggressiv in Du-Form *Sei doch nicht immer gleich so kleinlich. Du bist wirklich furchtbar!*

Diese abwertende Art und Weise, mit Konflikten umzugehen, ist vielen Menschen sehr geläufig. Doch sobald Sie versuchen, andere, beispielsweise Ihre Partnerin, darüber belehren zu wollen, daß sie in Du-Botschaften spricht, sind Sie schon im Teufelskreis der Du-Botschaft gefangen. Denn die Aussagen anderer als Du-Botschaft zu klassifizieren ist ja auch schon wieder eine Du-Botschaft. Da ist es schon lohnender, erst mal bei sich selbst anzufangen.

So erkennen Sie Du-Botschaften

» Kennzeichnend für eine Du-Botschaft ist nicht das «Du» am Anfang des Satzes, sondern **die Bewertung und Abwertung** anderer Personen:

Wo haben Sie bloß Ihren Kopf gehabt, als Sie das geschrieben haben!?

Du nervst mich mit diesem Thema. Ewig kommst du mit der gleichen Leier!

Das ist wieder einmal typisch für dich. Auf dich ist einfach kein Verlaß.

>>> Gefährlich sind Einleitungen mit:

Ich finde, daß Sie …	*(ruhig etwas engagier-ter arbeiten könnten)*
Ich fühle, daß du …	*(dir ein Hintertürchen offenhalten willst)*
Ich habe das Gefühl, daß du …	*(mir nicht die Wahrheit sagst)*

Wie Sie an den Beispielen sehen – und wie ich im letzten Kapitel schon ausgeführt habe –, enden Sie nach einem solchen Satzanfang nicht beim Ausdrücken eigener Gefühle oder Bedürfnisse, sondern beim Analysieren und Bewerten anderer Personen.

>>> Auch **Übertreibungen** wie

nie, immer, schon wieder, alles, jedesmal, ständig, völlig, absolut, total weisen auf eine Abwertung hin:

Wenn ich dich ausnahmsweise einmal brauche, hast du bestimmt keine Zeit.

Jetzt fängst du schon wieder mit dem gleichen Thema an!

Ich kann vorschlagen, was ich will. Du schiebst jedesmal deine Arbeit vor.

Immer hast du an allem etwas auszusetzen.

Manchmal mag es uns vielleicht so erscheinen, als wenn die andere Person mit ihrem Verhalten wirklich eine Herausforderung ist und wir nicht an sie herankommen. Indem wir ihr störendes Verhalten jedoch so übertrieben darstellen, wird sie wahrscheinlich erst recht abwehrend reagieren, denn wer angegriffen wird, verteidigt sich oder macht die Schotten dicht.

>>> Auch mit **Verallgemeinerungen** wie *wir, man, ihr, das ist, es ist* und mit **Killerphrasen** wird jedes Argument im Keim erstickt und der andere mit seinem Anliegen abgewertet:

Es ist doch allgemein bekannt, daß ...

Das funktioniert bei uns nicht. – Das machen wir schon immer so.

Ihre Ideen sind ja gut und schön, aber das haben wir schon alles ausprobiert.

Dazu werden Sie die Leute hier nicht bewegen können.

Hier denkt jeder nur an sich.

Das ist nicht so einfach, wie Sie sich das ausgedacht haben.

Die negativen Vorannahmen sind das Problem

Wenn wir uns ärgern, stecken hinter den Aussagen, die wir machen, meist negative Vorannahmen über die andere Person, zum Beispiel:

Der ist rücksichtslos und denkt nur an sich.

Bei der bewirke ich bloß etwas, wenn ich deutlich werde.

Mit freundlichen Worten komme ich hier nicht weiter.

Ich muß gleich zeigen, daß ich mir nichts gefallen lasse.

Wenn ich mich nicht wehre, werde ich bloß ausgenutzt.

Mit einer solchen Einstellung werden Sie einen Konflikt nicht ruhig und gelassen angehen können. Denn in diesem Moment sind Sie ja wirklich überzeugt, daß Sie sich gegen die Unverschämtheit der anderen Person wehren müssen. Sie steigern sich immer mehr in den Ärger durch das, was Sie über eine Situation oder eine andere Person denken. Nirgendwo wird das einprägsamer beschrieben als in Paul Watzlawicks Geschichte von dem Mann, der einen Hammer braucht.

Die Geschichte mit dem Hammer

Ein Mann will ein Bild aufhängen. Den Nagel hat er, nicht aber den Hammer. Der Nachbar hat einen. Also beschließt unser Mann, hinüberzugehen und ihn auszuborgen. Doch da kommt ihm ein Zweifel: Was, wenn der Nachbar mir den Hammer nicht leihen will? Gestern schon grüßte er mich nur so flüchtig. Vielleicht war er in Eile. Aber vielleicht war die Eile nur vorgeschützt, und er hat etwas gegen mich. Und was? Ich habe ihm nichts angetan; der bildet sich da etwas ein. Wenn jemand von mir ein Werkzeug borgen wollte, ich gäbe es ihm sofort. Und warum er nicht? Wie kann man einem Mitmenschen einen so einfachen Gefallen abschlagen? Leute wie dieser Kerl vergiften einem das Leben. Und dann bildet er sich noch ein, ich sei auf ihn angewiesen. Bloß weil er einen Hammer hat. Jetzt reicht's mir wirklich. Und so stürmt er hinüber, läutet, der Nachbar öffnet, doch bevor er «Guten Tag» sagen kann, schreit ihn unser Mann an: «Behalten Sie Ihren Hammer, Sie Rüpel!» *(Paul Watzlawick: Anleitung zum Unglücklichsein. München 1997, S. 37, Piper)*

Sind Sie bereit, erst einmal davon auszugehen, daß die Person, mit der Sie einen Konflikt haben, nicht die Absicht hat, Ihnen das Leben schwerzumachen? Vielleicht kommt die Kollegin in dem Beispiel oben deswegen zu spät ins Büro, weil sie eine ungünstige Verkehrsverbindung viel Zeit kostet oder weil sie schwer aus dem Bett kommt oder morgens noch ihr Kind in den Kindergarten bringen muß. Oft tun Menschen etwas aus Gedankenlosigkeit, Nachlässigkeit, Unsicherheit oder um einen Vorteil für sich wahrzunehmen. Jedenfalls tun Sie sich und Ihrer Gesundheit einen großen Gefallen, wenn Sie in Konfliktsituationen zunächst davon ausgehen, daß das Verhalten anderer Menschen nicht darauf abzielt, Sie zu ärgern.

Sogar wenn Sie eindeutige Hinweise dafür haben, daß Sie jemand absichtlich ärgern möchte, zum Beispiel um sich für etwas zu rächen, sollten Sie dies eher als Ausdruck dafür nehmen, daß dieser Mensch keine andere Möglichkeit kennt, seinen Unmut auszudrücken. Auf dieses Thema gehe ich ausführlicher im zweiten Teil im Abschnitt «Zum Umgang mit Verfolgern» ein.

〉〉〉〉 Ein häufiger Einwand: «Warum gerade ich?»

Oft sagen Teilnehmerinnen meiner Seminare an diesem Punkt: «Warum soll ich denn derjenige sein, der sich um faire Kommunikation bemüht, während die andere Person im alten Stil weitermachen darf? Soll die sich doch auch mal bemühen!»

Mit einer Veränderung des Kommunikationsstils wird immer die Person beginnen müssen, die zur Einsicht gekommen ist, daß dies sinnvoll und notwendig ist. Sie wissen selbst, daß es nicht funktionieren wird, wenn Sie darauf warten, daß Ihr nachlässiger Arbeitskollege, Ihre Sie kontrollierende überpingelige Nachbarin oder Ihr ewig unpünktlicher Mann sich verändern. Wenn Sie dagegen beginnen, Ihr Verhalten zu verändern, stimulieren Sie die andere Person zu einer anderen Reaktion. Ich kann Ihnen keine Garantie geben, daß Sie ganz schnell Erfolg haben werden, doch das ist Ihre Chance, Einfluß zu nehmen auf das Verhalten Ihres Gegenübers. Wenn Ihr Konfliktpartner sich besser akzeptiert fühlt, wird er eher bereit sein, mit Ihnen gemeinsam Problemlösungen zu finden.

Ein deutliches Anzeichen dafür, daß Sie Aussicht haben, Ihre Partnerin oder andere Personen aus Ihrem Lebensumfeld positiv zu beeinflussen und Ihre Beziehung zueinander zu verbessern, ist deren Bereitschaft, sich auf Experimente einzulassen. Sie könnten zum Beispiel vorschlagen,

> gemeinsam ein paar Kapitel in diesem Buch zu lesen und darüber miteinander zu sprechen,
> eine Vereinbarung miteinander zu treffen, um sich gegenseitig auf Du-Botschaften aufmerksam zu machen,

> ein Konfliktgespräch nach den Regeln eines partnerschaftlichen Klärungsgesprächs zu führen, sofern Ihnen möglich ist, einigermaßen kontrolliert und wohlwollend miteinander zu reden,

> oder gemeinsam ein Kommunikationsseminar oder einen Vortrag zu diesem Thema zu besuchen.

Wenn Sie jedoch feststellen, daß die andere Person nur abwehrt und auch eine Veränderung Ihres eigenen Kommunikationsstils nicht dazu beiträgt, den Streitstil zwischen Ihnen zu verbessern, dann sollten Sie sich über Ihre Einflußmöglichkeiten in dieser Situation klarwerden. Das kann konkret bedeuten,

> zum Beispiel bei einem schwierigen Nachbarn den Kontakt einzuschränken,

> eine Lösung auf einer anderen Ebene zu suchen (zum Beispiel bei einer Mobbing-Situation sich an die nächsthöhere Vorgesetzte oder den Betriebsrat wenden oder Rechtsbeistand suchen),

> eine Partnerschaft zu beenden oder eine frustrierende Arbeitsstelle zu kündigen.

Doch ich möchte Sie warnen: Oft haben wir, wenn wir die Konfliktsituation oder unseren Konfliktpartner bereits als hoffnungslosen Fall abtun, unsere eigenen Möglichkeiten, die Kommunikation miteinander zu verbessern, noch längst nicht ausgeschöpft. Statt den anderen abzuwerten («Der andere will gar nicht» – «Das ist so ein schwieriger Mensch, mit dem/der kann ich einfach nicht»), sollten Sie genau hinschauen, worin Ihr eigener Beitrag zu der schwierigen Situation besteht. Wo sind Sie vielleicht selbst in einem Abwertungsmuster gefangen? Was könnten Sie selbst tun, um der anderen Person zu ermöglichen, ihr Abwertungsmuster aufzugeben?

Ein wichtiger Hinweis ist immer, wenn sich Konfliktsituationen in ähnlicher Form wiederholen, beispielsweise Sie an verschiedenen Arbeitsstellen immer wieder in ähnliche Konflikte geraten. Um den eigenen Anteil deutlicher zu sehen, sollten Sie sich Hilfe holen. Sie können sich von verständigen Freunden Feedback geben lassen: Wie siehst du die Situation? Wie erlebst du mich? Was würdest du an meiner Stelle tun? Oder Sie wenden sich an einen Experten, zum Beispiel einen Mediator, oder klären Ihren eigenen Anteil in einer Psychotherapie.

>>>> In der Ich-Aussage sprechen Sie von sich und Ihrem Erleben

Ich möchte jetzt zu dem Beispiel mit der Kollegin, die immer zu spät kommt, zurückkehren. Wie hört sich denn nun eine abwertungsfreie Einleitung des Konfrontationsgesprächs an?

Mir fällt auf, daß du in den letzten Wochen morgens häufig eine Viertelstunde später kommst. Ab halb neun rufen hier sehr viele Kunden an. Wenn ich dann zusätzlich zu meinem eigenen Telefon noch deines zu bedienen habe, finde ich das ziemlich stressig. Ich bin frustriert, weil ich den Morgen gern etwas ruhiger angehen möchte.

Wenn Sie so sprechen, ist Ihr Fokus nicht darauf ausgerichtet, das Verhalten Ihrer Kollegin zu bewerten, sondern auf Ihre Situation und Ihr Empfinden darüber. Sie beschreiben die Situation, wie sie sich für Sie darstellt, und drücken Ihr Gefühl und Ihr Bedürfnis aus. Deshalb werden Formulierungen in diesem Stil «Ich-Aussagen» genannt im Gegensatz zu Du-Botschaften.

Mit einer saftigen Du-Botschaft verschaffen wir uns zwar momentan Erleichterung, weil wir unseren Ärger ohne jede Hemmung in Form von Vorwürfen und Abwertungen auf das Haupt der anderen Person niedergehen lassen. Doch wir zahlen dafür einen hohen Preis, nämlich den der Schädigung einer Beziehung. Eine Ich-Aussage erfordert dagegen Bewußtheit und Selbstreflexion:

Was ist passiert? Was hat die andere Person getan? Was habe ich getan? Welche Gefühle habe ich jetzt? Welche meiner Bedürfnisse werden im Moment nicht erfüllt? Was möchte ich, daß sich ändert?

Nicht jede Ich-Aussage muß alle diese Aspekte enthalten. Manchmal möchten Sie vielleicht nur einen Wunsch oder ein Bedürfnis ausdrücken. Oder Sie möchten zu einer Bitte klar «Nein» sagen. Am schwierigsten sind die Ich-Aussagen, mit denen Sie Konflikte ansprechen, deshalb werde ich diese Form im nächsten Kapitel noch ausführlicher behandeln. Doch zunächst einmal ein paar Beispiele dafür, wie Sie statt einer Du-Botschaft eine Ich-Aussage formulieren können.

Beispiele: Von der Du-Botschaft zur Ich-Aussage

Situation 1

Ihr Partner kommt nach Hause und beansprucht das gemeinsame Auto entgegen Ihrer Vereinbarung für heute abend.

Sie reagieren mit einer Du-Botschaft:

Das ist wieder mal typisch. Du denkst nur an dich und setzt immer deinen Willen durch.

Eine Ich-Aussage wäre dagegen:

Wir hatten heute morgen abgesprochen, daß ich das Auto heute abend haben kann. Es ist sehr umständlich für mich, ohne Auto zu dieser Veranstaltung zu kommen. Ich möchte gern, daß du dich an unsere Vereinbarung hältst und mir den Wagen überläßt.

Situation 2

Sie sind als Vorgesetzte verärgert, als Sie entdecken, daß eine Ihrer Mitarbeiterinnen regelmäßig die Zeit für die Mittagspause überzieht.

Eine Du-Botschaft wäre:

Ich fühle mich in meiner Gutmütigkeit von Ihnen ausgenutzt, wenn Sie einfach so lange Mittagspause machen, wie Sie wollen.

Eine Ich-Aussage würde dagegen so lauten:

Sie haben in der letzten Woche ohne Absprache mit mir Ihre Mittagspause um eine halbe Stunde verlängert. Damit bin ich nicht einverstanden, weil das Büro dann sehr lange nicht besetzt ist.

Situation 3

Sie haben mit Ihrem Kollegen einen gemeinsamen Besprechungstermin mit einem Geschäftskunden. Er kommt eine halbe Stunde zu spät, weil er im Stau stand.

Statt in der Du-Botschaft

Das hättest du dir doch wirklich denken können, daß um diese Zeit die Hölle los ist. Auf dich ist einfach kein Verlaß!

könnten Sie Ihren Ärger auch in einer Ich-Aussage ausdrükken (der entscheidende Unterschied ist, daß Sie zwar von Ihrer Frustration sprechen, aber Ihren Kollegen nicht abwerten):

Ich sitze wie auf Kohlen. Ich warte schon seit einer halben Stunde auf dich. Jetzt werden wir den Termin sicher nicht mehr rechtzeitig schaffen, dabei ist er so wichtig für uns. Ich befürchte, daß uns der Auftrag durch die Lappen geht.

Situation 4

Eine Freundin hat sich schon längere Zeit nicht mehr gemeldet. Jetzt ruft sie mal wieder an.

Ihre gereizte Du-Botschaft:

Na, du meldest dich anscheinend bloß, wenn es dir in deinen Kram paßt.

Eine Ich-Aussage:

Ich bin frustriert. Seit drei Wochen habe ich nichts mehr von dir gehört, und wenn ich anrief, war immer dein Anrufbeantworter eingeschaltet. Ich vermisse dich.

Vielleicht fällt Ihnen jetzt selbst eine Situation ein. Probieren Sie einmal aus – am besten schriftlich –, wie Sie sich abwertungsfrei ausdrücken.

Das Niederschreiben – zum Beispiel bei einem schwierigen Konflikt als Brief an die andere Person – ist zu Beginn Ihres Umlernens eine große Hilfe. Ich bin oft überrascht, wie viele oft ganz subtile Abwertungen in vermeintlich fairen Äußerungen bei genauerem Hinsehen zu entdecken sind.

❯❯❯❯ Weitere Einwände gegen Ich-Aussagen

Aus meiner Praxis als Kommunikationstrainerin und Vortragende kenne ich viele der Einwände, die Menschen vorbringen, wenn Sie zum erstenmal etwas über Ich-Aussagen hören. Die häufigsten möchte ich hier aufgreifen, da Sie vielleicht ähnliche Einwände haben.

Einwand: Ist es nicht egoistisch, so viel von mir selbst zu sprechen?

Mit Ich-Aussagen zeigen Sie Ihre Bereitschaft, sich anderen Menschen gegenüber zu öffnen und sich auf eine faire Kommunikation einzulassen. Wenn Sie sich die Beispiele oben ansehen, werden Sie feststellen: Menschen, die in Ich-Aussagen sprechen, verstecken sich nicht mit ihrem Ärger und ihrer Frustration, sie versuchen nicht, die Oberhand zu behalten oder andere für ihre Gefühle verantwortlich zu machen. Sie sprechen statt dessen offen aus, was sie wahrnehmen und empfinden, sie nennen ihre Bedürfnisse und Wünsche. Damit schaffen sie eine wichtige Basis für eine gute Verständigung und einen partnerschaftlichen Umgang, der von gegenseitiger Wertschätzung getragen wird.

Mit einer Ich-Aussage stellen Sie Ihre Sichtweise dar, aber sie beharren nicht auf Ihrem Standpunkt. «Selbstbezogen» und «egoistisch» könnte man Sie nennen, wenn Sie Ihre Wahrnehmung und Ihre Bedürfnisse als die einzig gültigen ansehen. Solange Sie offenbleiben für die Sichtweise und Bedürfnisse der anderen Person und das auch ausdrücken, vertreten Sie lediglich selbstbewußt *Ihre Seite des Konflikts*. Im nächsten Kapitel erfahren Sie, wie Sie auf die Bedürfnisse der anderen Person einfühlend reagieren.

Einwand: Im Berufsleben gibt man sich eine Blöße, wenn man zu sehr seine Gefühle zeigt

Wir sind viel eher in Gefahr, uns eine Blöße zu geben, wenn wir Gefühle nicht direkt ausdrücken, sondern destruktiv ausagieren mit lautem Schimpfen, Beleidigtsein, klammheimlichen Racheaktionen und Türenknallen. Offen und direkt Ärger und Verletztsein auszudrücken zeugt von Selbstbewußtsein und emotionaler Kompetenz, denn Sie halten mit dem, was Sie empfinden, nicht hinterm Berg, machen aber auch nicht andere dafür verantwortlich.

Da sich Ihr Selbstausdruck ja nicht auf Gefühlsaussagen beschränken soll, sondern Sie auch beschreiben, wie Sie die störende Situation wahrnehmen und wie sie sich auf Sie auswirkt, bekommen Ihre Konfliktpartner ein sehr genaues Bild über die Problemsituation.

Gefühle auszudrücken ist ein Aspekt beim Bewältigen von Konflikten, aber noch mehr zählt Ihre Fähigkeit, abwertungsfrei zu sprechen und die andere Person einfühlend zu hören. Darauf komme ich im nächsten Kapitel noch zu sprechen.

Einwand: Das ist viel zu umständlich und es sind viel zu viele Worte

Manche Menschen meinen, nicht die Zeit zu haben, sich so «umständlich» auszudrücken, und befürchten, die andere Person sei schon längst zur Tür hinaus, bis sie die richtigen Worte gefunden haben.

Ich erinnere hierzu an eine Geschichte, die Marshall Rosenberg in seiner «Einführung in Gewaltfreie Kommunikation» erzählte.

Sein Sohn habe sich bei ihm beschwert: *Du brauchst immer so lange, bis du was sagst, und redest so umständlich.*

Rosenberg: Okay, eine schnelle Antwort von mir würde sich ungefähr so anhören: Tu was ich dir sage – oder es setzt was!

Sein Sohn darauf: Nimm dir ruhig Zeit mit deinen Antworten.

Ein Freund, dem ich diese Anekdote erzählte, hatte daraufhin einen neuen Einwand: «Soll das heißen, eine Ich-Aussage ist bloß eine Soft-Version von einer Verhaltensanweisung oder Schlimmerem?» – Selbstverständlich nicht. Fairness braucht Nachdenken und genaues Hinspüren und ist das Gegenteil von schnellen zackigen Antworten, wie wir sie vielleicht von unseren ersten Bezugspersonen abgeschaut und in der Vergangenheit eingeübt haben. Um eine Wahrnehmung korrekt zu beschreiben, braucht es mehr Worte, als wenn wir nur ein Urteil über jemanden abgeben. Und bedenken Sie: Sind Sie nicht eher bereit, jemandem, der sich fair, sachlich und persönlich zum Ausdruck bringt, zuzuhören, als jemandem, der Sie schnell verurteilt und abkanzelt?

Einwand: So ruhig und überlegt kann ich gar nicht reden, wenn ich richtig sauer bin

Erinnern Sie sich an das, was ich im letzten Kapitel zum Umgang mit Gefühlen gesagt habe? Vielleicht können Sie in dem Moment, in dem Ihr Ärger hochkocht, tatsächlich nicht ruhig und überlegt reagieren, sondern sind aufbrausend, unwirsch oder wütend. Wenn Sie aber daran interessiert sind, den Konflikt zu lösen, statt ihn immer wieder aufs neue zu aktivieren, werden Sie irgendwann gezwungen sein, über die Störung oder das Problem in einem ruhigeren und sachlicheren Ton zu reden. Für dieses Klärungsgespräch brauchen Sie dann die Fähigkeit, in Ich-Aussagen ruhig und realitätsbezogen zu sprechen. Im folgenden zeige ich Ihnen, worauf es dabei ankommt.

>>>> Die konfrontierende Ich-Aussage

Ein Konfrontationsgespräch ohne Vorwurf oder Abwertung einzuleiten ist keine leichte Aufgabe. Denn gewöhnlich ist ja etwas vorausgegangen, das Sie frustriert oder auf die Palme bringt. Es besteht also eine heikle Situation, und Sie erleben wahrscheinlich heftige Emotionen, die Sie leicht zu abwertenden Bemerkungen, Schuldzuweisungen oder Verhaltensanweisungen verlocken. Doch Sie kennen jetzt den Unterschied zwischen einer Du-Botschaft und einer Ich-Aussage. Mit einer Du-Botschaft bewerten wir Menschen und sagen ihnen, welche Fehler sie nach unserer Meinung haben und was sie falsch machen. Solche Abwertungen gehen uns gewöhnlich leicht über die Lippen. Eine Ich-Aussage ist dagegen nicht so billig zu haben. Insbesondere in Konfliktsituationen werden Sie etwas länger nachdenken müssen, was denn eigentlich los ist und wie Sie es sagen können, ohne die andere Person zu verletzen. Dazu brauchen Sie zum einen eine klare Vorstellung davon, welches Ihrer Bedürfnisse im

Moment nicht befriedigt ist, und zum anderen genug Selbstbewußtsein, um für die Befriedigung dieses Bedürfnisses einzutreten. Folgende Fragen sollen Ihnen dabei helfen:

Was ist hier eigentlich das Problem?

Wie kann ich die Störung oder die Situation so beschreiben, daß die andere Person nicht gleich widerspricht, weil sie es anders sieht?

Wodurch wird mein Ärger oder meine Frustration ausgelöst?

Was soll sich ändern, bzw. was will ich erreichen?

Wer ist wofür verantwortlich, und an wen muß ich mich wenden?

Beispiel: Das Chaos im Materiallager

Im Materiallager der Firma, in der Frau Schmidt arbeitet, herrscht ein ziemliches Chaos. Materiallieferungen werden nicht einsortiert, sondern stehen unausgepackt im Raum herum. Dadurch weiß nur Herr Müller, der das Lager verwaltet, über die vorhandenen Lagerbestände Bescheid. Frau Schmidt hat schon des öfteren verzweifelt nach dringend benötigtem Material gesucht. Jetzt sagt sie verärgert zu Herrn Müller:

> *Mensch, ist das hier ein Durcheinander. Können Sie nicht endlich das gelieferte Material in die Regale räumen, damit man was findet.*

> *Herr Müller erwidert:* *Hier ist ständig die Hölle los. Sagen Sie mir mal, wann ich die Zeit dafür finden soll. Alle Leute wollen was von mir, und jetzt kommen Sie auch noch und meckern hier rum.*

Sie können einen solchen unergiebigen Schlagabtausch vermeiden, wenn Sie beim Ansprechen einer Störung eine konfrontierende Ich-Aussage formulieren, die dann am wirksamsten ist, wenn sie aus folgenden drei Teilen besteht:

Eine konfrontierende Ich-Aussage hat drei Teile

> › genaue, vorwurfslose Beschreibung
>   des störenden Verhaltens der anderen Person
> › die spürbaren Folgen für Sie
> › ihr Gefühl in diesem Moment
>   Also:
>   **Störendes Verhalten + Folgen für Sie + Ihr Gefühl**

Mit der vorwurfslosen Beschreibung des beobachtbaren **störenden Verhaltens** oder der **störenden Situation** machen Sie klar, worum es geht. Falls Ihnen nicht die richtigen Worte einfallen, hier ein Rat von mir: Stellen Sie sich vor, Sie beschreiben das Problem einer unbeteiligten Person, meinetwegen Ihrer Partnerin. Dann sind Sie ebenfalls gezwungen, das Problem erst mal sachlich und anschaulich zu beschreiben, damit sich Ihre Partnerin ein Bild machen kann. Ziel sollte sein, daß bei Ihrer Beschreibung Ihr Konfliktpartner innerlich dazu nickt, weil er eingestehen muß, daß das so stimmt, wie Sie es beschreiben.

Der zweite Punkt ist die Beschreibung der **Auswirkungen**, die das störende Verhalten **auf Sie** hat. Ziel ist, damit bei Ihrem Konfliktpartner eine Resonanz zu bewirken. Je mehr es ihm gelingt, sich durch Ihre anschauliche Beschreibung in Ihre Lage und Ihr Erleben einzufühlen, desto stärker die Wirkung.

Durch das kurze Benennen **Ihres Gefühls** soll sich Ihr Konfliktpartner noch besser in Sie einfühlen können. Beachten Sie dabei, was ich im vorhergehenden Kapitel zum Thema ‹Gefühle direkt ausdrücken, ohne abzuwerten› gesagt habe, denn hier ist die Gefahr groß, aus der Gefühlsaussage eine Du-Botschaft zu machen im Stil von «Ich fühle mich rücksichtslos behandelt».

Die Reihenfolge der drei Teile ist nicht festgelegt, am günstigsten ist jedoch, wenn Sie mit der Beschreibung des Problems beginnen und erst am Schluß Ihr Gefühl nennen. Beginnen Sie statt dessen mit «Ich bin ärgerlich, weil du ...», wird daraus leicht eine Du-Botschaft. Außerdem geht die andere Person schon in Lauerstellung, bevor sie überhaupt weiß, um was es geht.

Frau Schmidt könnte also zu ihrem Kollegen folgendes sagen:

Verhalten *Mir fällt auf, daß das neu angelieferte Material nicht in den Regalen zu finden ist, sondern unausgepackt irgendwo im Lager steht.*

Folgen *Dadurch habe ich keinen Überblick, welches Material vorhanden ist, und muß, wenn ich was brauche und du gerade nicht da bist, erst mal auf Suche gehen. Dabei verliere ich oft viel Zeit und gerate unter Druck, wenn ich dringend etwas brauche, wie zum Beispiel heute eine neue Tonerkartusche.*

Gefühl *Ich ärgere mich darüber.*

Zwei weitere Beispiele

Die fünfjährige Sandra zieht sich morgens nicht an, sondern blättert in ihrem Bilderbuch. Die Mutter ist unter Zeitdruck, weil sie zur Arbeit muß und vorher Sandra noch in den Kindergarten bringen muß. Sie sagt:

Verhalten: *Sandra, jetzt ist schon halb acht, und du bist noch nicht angezogen.*

Folgen: *Wir kommen unter Zeitdruck, wenn du dich nicht fertigmachst, und müssen uns dann wieder so abhetzen, um noch die S-Bahn zu kriegen. Du weißt doch, ich muß um halb neun im Büro sein.*

Gefühl: *Ich bin ärgerlich.*

Die Mutter beschuldigt nicht Sandra, weil sie bummelt, sondern bleibt bei der Schilderung ihrer Situation.

Ein Freund gibt Ihnen ein Zelt, das Sie ihm ausgeliehen haben, feucht und schmutzig zurück:

Verhalten   *Das Zelt ist noch ganz feucht und schmutzig.*

Folgen   *Damit es nicht anfängt zu schimmeln, müßte ich es jetzt erst mal saubermachen und zum Trocknen aufhängen.*

Gefühl: *Ich bin verärgert.*

Bedürfnis: *Ich hätte das Zelt gern im einwandfreien Zustand zurück.*

Hier wurde nach dem Gefühl noch das Bedürfnis genannt. Doch Vorsicht: Ein Bedürfnis sollte immer positiv ausdrükken, was Sie gern hätten, und nicht, worüber Sie sich ärgern.

Achten Sie auf den Unterschied zwischen Wünschen und Forderungen

In manchen Situationen wie im letzten Beispiel könnten Sie statt mit einer konfrontierenden Ich-Aussage es auch mit einem direkten *Wunsch* versuchen. Beginnen Sie mit:

Ich wünsche mir ..., weil ... oder:

Ich möchte gern ..., weil ...

Das würde sich dann so anhören:

Ich wünsche mir, daß du mir das Zelt sauber und trocken zurückgibst, so daß ich es einfach wegräumen kann, ohne mich noch mal darum kümmern zu müssen.

Mit diesem Wunsch drücken Sie vor allem Ihr Bedürfnis aus. Wenn wir Bedürfnisse von anderen hören, sind wir eher geneigt, sie zu erfüllen. Sagen Sie dagegen: «Kannst du das Zelt bitte noch saubermachen und trocknen, bevor du es mir zurückgibst?», so wird die andere Person dies als Verhaltensanweisung und damit als eine Forderung verstehen. Wenn Menschen Forderungen hören, gehen sie meist in Abwehr und bringen Gegenargumente vor – und schon stecken Sie in einem Konfliktgespräch. Die Kunst besteht darin, andere Personen gar nicht erst zu abwehrendem Verhalten zu verlokken, sondern die Seite Ihres Gegenübers anzusprechen, die bereit ist, auf Ihre Wünsche und Bedürfnisse Rücksicht zu nehmen.

Um ein Konfrontationsgespräch erfolgreich zu führen, brauchen Sie jedoch mehr als nur eine gute Einleitung. Sie müssen auch wissen, wie Sie mit den Reaktionen Ihres Konfliktpartners umgehen. Darauf komme ich im folgenden Kapitel zu sprechen. Im übernächsten Kapitel «Ein Konfrontationsgespräch erfolgreich führen» erfahren Sie dann, wie Sie weiter vorgehen, um das Gespräch erfolgreich abzuschließen.

Auf Konfliktpartner reagieren

〉〉〉〉 Nicht Trickkiste, sondern Perspektivenwechsel ist angesagt: Abwehr erkennen und umschalten

Wenn Sie Ihre Kommunikation mit anderen Menschen verbessern und Konflikte erfolgreich meistern möchten, brauchen Sie zum einen die Fähigkeit, sich selbst klar auszudrücken mit Ich-Aussagen. Wie Sie das tun, haben Sie im letzten Kapitel erfahren. Doch diese Fähigkeit allein genügt nicht, um Konflikte erfolgreich zu meistern. Denn in der Regel haben wir ja Konflikte mit Menschen, die sich wahrscheinlich mit dem Thema Kommunikation nicht weiter beschäftigt haben. Sie müssen deshalb darauf gefaßt sein, daß Sie trotz all Ihrer Bemühungen um eine vorwurfsfreie, sachliche Ich-Aussage von der anderen Person eine Antwort im alten Stil bekommen. Viele Menschen teilen ihre Gefühle und Bedürfnisse nicht direkt mit. Sie können sie nur an der Form, wie sie in Abwehrhaltung gehen, zu erraten versuchen. Diese Abwehr, auch «Widerstand» genannt, kann sehr unterschiedliche Formen annehmen. Sie kann sich in aggressiven Du-Botschaften ausdrücken, aber auch in rationalen Einwänden, Ratschlägen, Vorwürfen oder gekränktem Rückzug. Da Widerstand in einer Konfliktsituation auf so verschiedenartige Weise ausgedrückt werden kann, schlage ich dafür eine ganz simple Definition vor:

> **Widerstand und Abwehr in Konfliktsituationen sind alle Äußerungen, die nicht direkt dazu beitragen, eine Störung zu beseitigen.**

An einem Beispiel möchte ich Ihnen zeigen, auf welche Reaktionen Sie möglicherweise gefaßt sein müssen. Stellen Sie sich vor, Sie sprechen Ihren Nachbarn wegen eines zu laut eingestellten Fernsehgeräts an.

Abwehrreaktionen Ihres Nachbarn:

Du-Botschaft   *Sie sind aber hyperempfindlich.*

Ratschlag   *Ziehen Sie doch aus, wenn es Ihnen hier zu laut ist.*

Verallgemeinerung   *Keiner im Haus stört sich daran außer Ihnen.*

Rationales Gegenargument   *Mein Fernseher ist auf Zimmerlautstärke eingestellt.*

Killerphrase   *Ich habe keine Zeit für solche Lappalien.*

Befehl   *Gehen Sie und lassen Sie mich in Frieden!*

Ablenkung   *Die Leute über mir sind ständig laut in der Nacht. Da beschwert sich keiner!*

Verharmlosung   *Na, wenn das alle Ihre Sorgen sind!*

Beleidigtsein   *Kaum hab ich mal meinen Fernseher etwas lauter aufgedreht, klingelt's schon an meiner Tür.*

Mit einer Frage (häufig mit «Warum» und «Wieso»)   *Warum beschweren Sie sich denn gerade bei mir?*

Eine nicht abwehrende Antwort wäre dagegen:

Oh, das habe ich nicht gewußt. Gut, daß Sie mir das sagen. Ich werde den Fernseher gleich leiser drehen. (Und dann dreht er den Fernseher tatsächlich leiser.)

Selbstverständlich gibt es viele Situationen im Alltag, wo es in Ordnung ist, einen Ratschlag zu geben, Fakten einzubringen oder Fragen zu stellen. Auch Du-Botschaften und Killerphrasen, bei denen wir erst einmal baff sind, schlucken wir oft ohne Protest. Vor allem wenn die Beziehung stimmt, können wir uns gegenseitig schon einiges zumuten, ohne daß es deshalb gleich zum Streit kommt. Die obige Definition von Widerstand gilt deshalb nur im Kontext der Konfrontation, also wenn Sie ein störendes Verhalten ansprechen und sich von der anderen Person Lösungsangebote erhoffen statt Beschuldigungen, Erklärungen und Ausreden. In solchen Momenten der Konfrontation sollten Sie hellhörig werden für diese Signale von Abwehr und innerlich umschalten auf einfühlendes Zuhören. Wie Sie das machen, erfahren Sie in dem folgenden Beispiel.

Beispiel: Der unfreundliche Nachbar

Stellen Sie sich folgende Situation vor: Sie leben in einem großen Appartementhaus. Sie hatten eine anstrengende Woche. Endlich ist Wochenende. Es ist warm und sonnig, Sie liegen im Liegestuhl auf Ihrem Balkon, erfreuen sich der sonntäglichen Ruhe und schmökern. Doch was hören Sie da? Ihr Nachbar schaut die Sportschau im Fernsehen, er hat seinen Fernseher laut aufgedreht, und Sie bekommen jedes Wort mit, da seine Balkontür offensteht. Sie hassen die Sportschau. Ihre Ruhe ist dahin. Was tun? – Das unerwünschte Begleitprogramm zu ignorieren fällt Ihnen schwer, dazu ist es zu laut. Den Balkon zu verlassen würde Sie frustrieren, denn Sie freuen sich an den sanften Sonnenstrahlen des Spätnachmittags. Warum also nicht mal beim Nachbarn klingeln und ihm Ihr Bedürfnis nach Ruhe nahebringen? Sie wissen ja jetzt aus dem letzten Kapitel, wie Sie anfangen können, ohne ihn gleich gegen sich aufzubringen. Statt mit dem Vorwurf «Ihr Fernseher ist viel zu laut» beginnen Sie mit einer wohlüberlegten konfrontierenden Ich-Aussage:

Ich wohne drei Türen weiter, und da ich gerade auf dem Balkon sitze und Sie die Balkontür offenhaben, höre ich jedes Wort der Sportschau, die Sie gerade anschauen. Mir fällt es schwer, mich auf mein Buch zu konzentrieren, und ich bin frustriert.

Wie wird Ihr Nachbar reagieren? Würde er jetzt sagen «Oh, daran habe ich gar nicht gedacht. Aber ich werde gleich leiser drehen», wäre das wunderbar, denn mehr könnten Sie sich nicht wünschen. Vielleicht würde er Sie das nächste Mal sogar freundlich grüßen, weil er Sie jetzt kennt (so was habe ich schon erlebt). Doch ich nehme an, Sie lesen dieses Buch, weil Sie andere Abläufe kennen. Denn es ist leider so: Selbst wenn Sie sich sehr bemühen, sachlich zu sein und keine Vorwürfe und Abwertungen zu äußern, müssen Sie damit rechnen, daß Ihr Gegenüber – vielleicht einfach aus Verblüffung und Unsicherheit – abwehrend oder sogar aggressiv reagiert. Stellen wir uns also übungshalber einen sehr unfreundlichen Zeitgenossen vor, der trotz Ihrer freundlich vorgebrachten Problembeschreibung zurückblafft: «Dann ziehen Sie doch aus, wenn es Ihnen hier zu laut ist.»

Ich weiß, eine solche Antwort ist eine Herausforderung für die eigene Selbstbeherrschung. Die Sonntagnachmittag-Entspannung ist passé, und Ihnen fällt vielleicht als erste Reaktion nur ein, ebenso aggressiv zurückzufauchen: «Das werden wir schon noch sehen, wer hier auszieht.» Doch machen Sie an dieser Stelle besser einen tiefen Atemzug, bevor Sie etwas sagen, denn schnelle Reaktionen aus dem akuten Ärger heraus führen bloß zu einem Schlagabtausch mit der sehr wahrscheinlichen Folge, daß Ihr Nachbar künftig Ihr Feind ist. Statt dessen schlage ich Ihnen vor, über Ihren eigenen Schatten zu springen und etwas Neues auszuprobieren.

Statt verärgert und gekränkt Kontra zu geben, haben Sie es in der Hand, dem Gespräch – unabhängig davon, was Ihr Nachbar tut – eine konstruktive Wendung zu geben. Dazu müßten Sie erspüren, was dieser Mensch mit seiner aggressiven Bemerkung «Ziehen Sie doch aus ...» über seine Gefühle und Bedürfnisse ausdrückt. In unserem Beispiel ist das recht offensichtlich. Der Mann ist eindeutig ärgerlich – und weshalb wohl? Vermuten wir mal, daß er ärgerlich ist, weil er entweder verunsichert ist oder einfach schnell dazu neigt, sich aufzuregen, und die Sache mit dem lauten Fernseher als eine Lappalie ansieht. Hiermit hätten Sie auch bereits eine wohlwollende Interpretation seiner aggressiven Bemerkung, die Sie ihm nun sagen könnten:

Vermutlich sind Sie jetzt ärgerlich, weil ich wegen einer solchen Lappalie bei Ihnen klingle.

Oder Sie könnten auch sagen:

Sie fühlen sich gestört, weil ich bei Ihnen klingle.

Es kommt dabei nicht darauf an, daß Sie genau ins Schwarze treffen. Wenn Sie völlig danebenliegen, wird die andere Person Sie schon korrigieren. Wichtiger ist, daß Sie versuchen, sich in Ihr Gegenüber einzufühlen und das in Worten zum Ausdruck bringen. Denn woran könnte die andere Person sonst erkennen, daß Sie ihr gegenüber wohlwollend und nicht feindselig eingestellt sind? Ihr Konfliktpartner soll sich durch Ihre verbale Reaktion akzeptiert fühlen, denn das ist das wesentliche Fundament für den erfolgreichen Verlauf Ihrer weiteren Verhandlungen.

Häufiger Einwand: Weshalb soll ich zu einem aggressiven Menschen freundlich sein?

An dieser Stelle meines Beispiels höre ich oft heftigen Protest von meinen Seminarteilnehmerinnen, den ich nicht übergehen möchte. Sie fragen: «Wieso soll ich zu einem so aggressiven Menschen, der sich nicht zu benehmen weiß, auch noch freundlich sein? Soll der sich doch anders benehmen!» – Überlegen Sie einmal: Wenn Sie die Notwendigkeit spüren, Ihr Kommunikationsverhalten zu überdenken und zu verändern, so sind Sie gefordert, Vorleistungen zu machen. Solange wir nämlich von anderen erwarten, daß sie sich ändern, wird sich nichts tun. Wir können nur bei uns selbst anfangen und darauf vertrauen, daß unser Bemühen um einen faireren Kommunikationsstil auch auf andere Wirkung haben wird.

Hier höre ich dann oft das Argument: «Ja, ich möchte gern,

daß wir anders miteinander umgehen, aber mein Chef oder meine Kollegen würden mich dann rücksichtslos in die Pfanne hauen.» Anscheinend erscheint vielen Menschen ihr Arbeitsplatz eher wie ein Haifischbecken, in dem jeder ums Überleben kämpft. Wenn Sie das auch so sehen, werden Sie sich sicher schwertun, den ersten Schritt zu machen zu einem konstruktiven Umgang miteinander, denn das hieße ja, sich schutzlos den anderen auszuliefern. Doch Sie können durch klare und faire Kommunikation Konfliktgespräche so steuern, daß beide Seiten gewinnen.

Bevor ich Ihnen verrate, wie das Beispiel mit dem unfreundlichen Nachbarn endet, möchte ich Ihnen das einfühlende Zuhören noch mehr erläutern.

〉〉〉〉 Die Kunst, einfühlend zuzuhören

Zuhören kann man auf vielerlei Weise:

〉 Sie können schweigend zuhören und es bei einem gelegentlichen «Mhm» und «Aha» bewenden lassen. Hier ist die Gefahr groß, daß daraus ein schweigendes Weghören wird. Laut einer Untersuchung wandern die Gedanken von Frauen dabei im Durchschnitt nach acht Minuten ins Weite, während Männer angeblich bereits nach sechzig Sekunden abdriften. (Sind Frauen nun zu geduldig oder die Männer zu ungeduldig?)

〉 Sie können sich beim Zuhören auch etwas mehr engagieren, indem Sie durch einladende Fragen und Bemerkungen die andere Person ermutigen, mehr zu erzählen, zum Beispiel:

Das bewegt dich anscheinend. Magst du mehr dazu sagen?
Magst du weiterreden? – Möchtest du sagen, was du jetzt vorhast? ... wie es dir jetzt damit geht?

〉 Natürlich können Sie auch Ihre Meinung zu einer Sache einbringen, doch damit würden Sie das Feld des Zuhörens verlassen. Statt dessen möchte ich Ihnen eine Form des Zuhörens vorstellen, die Ihnen vielleicht noch nicht vertraut ist, gerade aber in Konfliktsituationen essentiell wichtig ist: das einfühlende Zuhören. Manche kennen es unter der Bezeichnung «aktives Zuhören».

Zur Veranschaulichung drei Beispiele:

Vorwurf *Du übertreibst schon wieder maßlos. Mach doch nicht aus jeder Mücke einen Elefanten.*
Ihre einfühlende Reaktion *Du wünschst dir, daß ich die Sache gelassener angehe.*

Vorwurf *Immer hast du was zu meckern.*
Ihre einfühlende Reaktion *Du scheinst dich über meine Bemerkung eben zu ärgern.*

Vorwurf *Du willst also tatsächlich nächstes Wochenende nicht mit zum Skifahren kommen.*
Ihre einfühlende Reaktion *Das klingt, als ob du wirklich enttäuscht darüber bist.*

Definition und Spielregeln für das einfühlende Zuhören

Einfühlend zuhören heißt, *wohlwollend* zuhören und die *Gefühle und Bedürfnisse* der anderen Person hinter ihren Worten hören und in eigenen Worten ausdrücken.

Durch eine einfühlende Reaktion würdigen Sie die Gefühle und die Sichtweise der anderen Person, ohne daß Sie ihr deshalb zustimmen müssen. Sie zeigen ihr damit, daß Sie sie in ihrer Meinung achten und bemüht sind, sie zu verstehen, selbst wenn Sie eine andere Meinung haben oder von ihrem Konfliktpartner persönlich angegriffen werden.

Dabei sollten Sie beachten:

»»» Zeigen Sie Wohlwollen und Akzeptanz der anderen Person gegenüber.

Wenn Sie zum Beispiel einfühlend zuhören und dabei Akzente hineinkommen wie «Ich weiß besser als du, was in dir vorgeht» oder «Ich habe dich durchschaut. Du kannst mir nichts vormachen» (meist erkennbar am Tonfall, in dem jemand spricht), dann ist das keine Einfühlung. Einfühlendes Zuhören basiert auf einer positiven Haltung der anderen Person gegenüber. Sie haben nicht die Idee, sie entlarven zu müssen oder Oberhand über sie behalten zu wollen.

»»» Hören Sie die Gefühle und Bedürfnisse der anderen Person hinter ihren Worten.

Ihre Kommunikation miteinander gewinnt eine tiefere Dimension, wenn Sie Ihre Wahrnehmung nicht zu sehr auf die verbalen Argumente Ihres Konfliktpartners konzentrieren, denn diese können oft unklar oder sogar verletzend für Sie sein. Hören Sie vor allem auf das, was die andere Person zwischen den Zeilen von ihren Bedürfnissen und durch Gestik, Mimik und Tonfall von ihren Gefühlen zu erkennen gibt.

»»» Drücken Sie Ihre Wahrnehmung in eigenen Worten aus.

Versuchen Sie, eigene Worte zu finden für das, was Sie der anderen Person zurückspiegeln möchten von den Gefühlen und Bedürfnissen, die Sie meinen, bei ihr wahrzunehmen. Denn wenn Sie wortwörtlich wiederkäuen, wird die andere Person sich veralbert vorkommen oder denken, daß Sie jetzt aber eine neue seltsame Marotte entwickelt haben.

Manchmal erzählen mir Seminarteilnehmerinnen, daß sie nach dem Lesen der «Familienkonferenz» von Thomas Gordon anfingen, ihren Kindern und ihrem Partner einfühlend zuzuhören. Sie haben meist bald wieder damit aufgehört, weil sie sich und den anderen komisch dabei vorkamen. Ich vermute, daß sie zu wörtlich an der Aussage der anderen Person klebten. Finden Sie deshalb Ihre eigenen Worte, und spiegeln Sie vor allem das, was Sie auf der Gefühlsebene wahrnehmen. Dies braucht einige Übung – Psychologen lernen die Kunst der Einfühlung in einer mehrjährigen Fortbildung. Seien Sie also geduldig mit sich selbst.[8]

▶▶ Lassen Sie sich von Ihrem Gefühl leiten.

Spiegeln Sie, wenn es für Sie stimmig ist. Es ist nicht erforderlich, daß Sie nach jeder Bemerkung Ihres Gegenübers etwas sagen. Da viele Menschen mit verbaler Zuwendung und Anerkennung eher sparsam umgehen, seien Sie aber ruhig großzügig. Doch selbst wenn Ihnen nicht mehr möglich ist, als nur gelegentlich eine einfühlende Bemerkung zu machen, hat das schon eine starke Wirkung in Konfliktgesprächen.

Schauen wir nun, wie das Beispiel von vorhin weitergehen könnte.

Fortsetzung des Beispiels «Der unfreundliche Nachbar»

Sie haben aufgrund der aggressiven Reaktion Ihres Nachbarn («Ziehen Sie doch aus, wenn es Ihnen hier zu laut ist.») umgeschaltet auf einfühlendes Zuhören:

Sie sind anscheinend ganz empört, daß ich deshalb bei Ihnen klingle.

Ihr Nachbar erwidert:

Mein Fernseher ist ganz normal eingestellt.

Sie reagieren noch mal einfühlend, doch diesmal auf der inhaltlichen Ebene:

Sie finden ihn nicht zu laut.

Da Sie eine Veränderung der Situation erreichen möchten, erlauben Sie sich nun ein kurzes Luftholen, unterdrücken das «aber» das Menschen hier gern sagen würden, und schildern dann das Problem aus Ihrer Sicht:

Ich höre Ihren Fernseher auf dem Balkon und fühle mich ge-

stört. *Und ich dachte mir, das Einfachste wäre, ich sage Ihnen das in der Hoffnung, daß sich da was machen läßt.*

Sie sagen bewußt nicht, was Ihr Nachbar tun soll, nämlich den Fernseher leiser drehen. (Die Erklärung dafür gebe ich unten.) Vielleicht kommt Ihr Nachbar jetzt mit einem neuen Argument:

Die über mir haben letzte Nacht bis drei Uhr nachts Musik gemacht. Da beschwert sich auch keiner.

An dieser Stelle ist sehr verlockend, auf das Argument einzusteigen, zum Beispiel mit einem Ratschlag: ‹Wenn Sie das stört, können Sie sich doch auch dort beschweren.›

Machen Sie das besser nicht, sonst sind Sie schnell auf einem Seitenpfad und verlieren womöglich Ihr Anliegen aus den Augen. Besser wäre es, Sie blieben dabei, nur einfühlend zu spiegeln:

Sie fühlen sich selbst manchmal gestört vom Lärm anderer Leute.

Vielleicht sagt Ihr Nachbar jetzt: *Ja, genau!* – Das ist ein Signal für Sie, daß Sie auf dem richtigen Weg sind, nämlich daß er sich von Ihnen verstanden fühlt. Das ist eine gute Gelegenheit, Ihr Anliegen zu wiederholen:

Ich wäre sehr froh, wenn ich auf dem Balkon lesen könnte, ohne dabei die Sportschau mithören zu müssen.

Womöglich lenkt Ihr Nachbar nun schon ein und sagt:

Na ja, ich kann den Fernseher ja etwas leiser machen.

Wenn Menschen einfühlend zugehört wird und ihre Sichtweise des Problems gewürdigt wird, sind sie eher bereit, auch auf die Bedürfnisse anderer Rücksicht zu nehmen.

Beachten Sie: Die Lösung «Den Fernseher leiser zu stellen» wird nicht von Ihnen vorgegeben, obwohl sie verführerisch naheliegt. Gleich eine Lösung zu nennen ist sehr verlockend und scheint der schnellere Weg zu sein, ruft jedoch häufig

Widerstand hervor. Denn sehr oft empfinden Konfliktpartner einen Lösungsvorschlag als Verhaltensanweisung – und dann wehren sie sich vehement.

Positive Auswirkungen des einfühlenden Zuhörens

Einfühlendes Zuhören sollten Sie nicht nur in Konfliktsituationen praktizieren, sondern überall da, wo Sie einer anderen Person helfen möchten, etwas für sich selbst zu klären. Wenn Sie einfühlend zuhören, statt Ihre Meinung zu Problemen einer anderen Person kundzutun oder Fragen zu stellen, lassen Sie ihr Raum, tiefer in etwas einzudringen und eigene Antworten zu finden. Sie achten sie in ihrer Fähigkeit, selbst ihre Probleme zu lösen. Die Problemlösungen, die eine Person findet, wenn Sie sich auf einfühlendes Zuhören beschränken, haben größere Chancen, durchgeführt und durchgehalten zu werden, da sie von ihr selbst kommen.

Eine Person, der einfühlend zugehört wird, wird wohlwollender sich selbst und anderen gegenüber, weil sie sich nicht dauernd verteidigen muß. Sie kann ihren eigenen Gedanken und Gefühlen nachspüren, ohne daß sie gleich mit den Gedanken und Gefühlen der zuhörenden Person vermischt werden.

Wenn Sie häufiger einfühlend zuhören, hat das auch Vorteile für Sie: Sie verschaffen sich selbst eine Nachdenkpause, bevor Sie – beispielsweise bei einer Konfrontation – auf andere reagieren. Das Gespräch ist entspannter, und in einer Konfliktsituation kommt es nicht zu einem «Schlagabtausch» der Argumente. Im nächsten Kapitel «Ein Konfrontationsgespräch erfolgreich führen» werde ich darauf noch ausführlicher zu sprechen kommen.

⟩⟩⟩⟩   Du-Botschaften entschärfen und Brücken bauen

Wie ich bereits dargestellt habe, ist einfühlendes Zuhören in Konfliktsituationen ein sehr kraftvolles Mittel, die Tretmine der aggressiven Du-Botschaft zu entschärfen. Hierfür brauchen Sie eine wichtige Fähigkeit: Sie sollten sich bemühen, Ihren Konfliktpartnern zu helfen, das, was diese häufig nur indirekt durch ihren Widerstand auszudrücken vermögen, positiv zu formulieren. Hierzu ein Beispiel, das Ihnen vielleicht überspitzt erscheinen mag.

Beispiel: Überstunden abbummeln

Frau Lutz teilt ihrem Vorgesetzten, Herrn Bayer mit, daß sie morgen einen freien Tag nimmt, um angesammelte Überstunden abzubauen – «abzubummeln», wie das im Bürojargon heißt. Er sagt:

Wie kommt man bloß zu so vielen Überstunden? Sie horten wohl Stunden.

Frau Lutz ist gelassen genug, um auf einfühlendes Zuhören umschalten zu können:

Sie wundern sich, wie ich zu diesen vielen Überstunden komme.

Herr Bayer unterstreicht noch mal sein Mißtrauen:

Ja, Sie gehen doch meist schon um fünf. Ich weiß gar nicht, woher Sie die ganzen Überstunden haben.

Frau Lutz läßt sich nicht aus der Ruhe bringen und hört weiter einfühlend zu:

Sie hören sich ganz skeptisch an. – Dann fügt sie erläuternd hinzu: Ich fange meistens morgens um halb acht an. Das ist Ihnen wahrscheinlich gar nicht aufgefallen.

Diese gelassene Reaktion von Frau Lutz erleichtert es ihrem Vorgesetzten anscheinend, von seinen Vorwürfen abzulassen.

Er spricht plötzlich von sich, statt sie weiter anzugreifen:

Ach, ich würde auch gern mal ein paar Tage freinehmen. Aber die Arbeit erschlägt mich.

Frau Lutz spiegelt weiter: *Ich habe jetzt den Eindruck, eigentlich beneiden Sie mich.*

Er: Ja, wirklich. Das kann man so sagen. Wenn ich diese Stöße von Akten sehe, die ich noch erledigen muß, wünschte ich mir manchmal, ich hätte mir einen einfacheren Job ausgesucht.

Sie weiterhin einfühlend: Im Moment ist es Ihnen wirklich zuviel, was da auf Ihrem Schreibtisch liegt.

Er: Allerdings! Meine Frau beschwert sich schon, daß ich wohl mit meinem Beruf verheiratet bin, weil ich immer so spät nach Hause komme. Aber gehen Sie jetzt. Ich will Sie nicht aufhalten. Einen schönen Tag morgen.

An diesem Beispiel wird deutlich, daß der anfängliche massive Vorwurf eher Ausdruck einer eigenen Unzufriedenheit ist. Durch die gelassene Reaktion der Mitarbeiterin und ihre Fähigkeit, einfühlend zuzuhören, statt sich zu verteidigen, bekommt die anfängliche Aggression des Vorgesetzten keine neue Nahrung. Statt dessen fängt er an, etwas von seiner Frustration durch die Arbeitsüberlastung zu offenbaren.

Keine meiner Seminarteilnehmerinnen konnte sich vorstellen, als angegriffene Mitarbeiterin so gelassen reagieren zu können. Viele sagten, sie würden sich in dieser Situation zu rechtfertigen versuchen oder eine pfeffrige Antwort zurückgeben. Doch wie Sie an diesem Beispiel sehen können, haben Sie auch in einer Situation, in der Sie scheinbar Opfer sind, Möglichkeiten, diese selbstbewußt und souverän umzugestalten. Nehmen Sie es als Beispiel dafür, wie Sie Ihr Repertoire an Reaktionsmöglichkeiten in Streßsituationen erweitern können.

Das Gespräch müßte natürlich anders verlaufen, wenn der Vorgesetzte detaillierte Auskünfte verlangt hätte über das Zustandekommen der Überstunden. Dann sollten Sie als Mitarbeiterin diese Auskünfte geben.

Beispiele zum Üben

Möchten Sie das jetzt einmal selbst ausprobieren? Hier einige Aussagen, die in Konfliktsituationen geäußert wurden. Überlegen Sie, wie Sie einfühlend diese Aussagen würdigen oder sogar ins Positive wenden können. In den Anmerkungen am Schluß dieses Buches finden Sie Vorschläge dazu.'[9]'

› 1 Am Ende einer fruchtlosen Diskussion sagt Ihr Gegenüber: *Mit dir kann man nicht diskutieren, denn du willst immer recht behalten.*

› 2 Eine Kollegin reagiert auf Ihren Vorschlag: *Das funktioniert bei uns nicht. Das haben wir schon ausprobiert.*

› 3 Sie sagen, daß Sie sich verletzt fühlen. Ihr Kollege sagt darauf: *Sie sind viel zu empfindlich. Legen Sie doch nicht jedes Wort auf die Goldwaage.*

› 4 Eine Freundin klagt: *Wenn ich wirklich einmal Hilfe brauche, hat niemand Zeit für mich. Jeder denkt nur an sich.*

› 5 Ihr Mannn sagt am Ende eines Streitgesprächs: *Ich habe keine Lust, noch ein Wort über dieses Thema zu verlieren. Es kommt ja doch nichts dabei raus.*

› 6 Ihr Sohn sagt, nachdem Sie ihn darauf aufmerksam gemacht haben, wie sehr Sie seine vor den Schuhschrank hingeworfenen Schuhe stören: *Das ist dein Problem!*

Noch ein paar Anmerkungen:

Wenn Sie sich in jemanden einfühlen, werden Ihre Sätze oft mit «Du» anfangen («Du bist …», «Du fühlst dich …», «Du möchtest …», «Du hast …»). «Ist das denn nicht eine Du-Botschaft?» fragen hier manche. Erinnern Sie sich an die Definition von Du-Botschaften: Solange Sie eine andere Person **nicht bewerten oder abwerten**, handelt es sich nicht um eine Du-Botschaft.

Oft werde ich auch gefragt: «Ist es nicht besser, einfühlendes Zuhören als Frage zu formulieren statt als Feststellung?» Eine einfühlende Reaktion auf «Immer hast du was zu meckern!» könnte zum Beispiel lauten:

Als Frage: *Wünschst du dir mehr Anerkennung?*

Als Feststellung: *Du wünschst dir mehr Anerkennung.*

Es gibt zu diesem Punkt unterschiedliche Ansichten. Marshall Rosenberg legt in seinem Konzept der Gewaltfreien Kommunikation großen Wert darauf, einfühlende Reaktionen als Fragen zu formulieren. Thomas Gordon und Linda Adams dagegen verwenden Feststellungen.

Ich finde es günstiger, einfühlende Reaktionen als Feststellung zu formulieren, weil sie der anderen Person mehr Freiheit läßt, ob sie direkt darauf antworten oder mit dem fortfahren möchte, was sie gerade erzählt. Durch Fragen unterbreche ich den anderen, denn er muß mir dann ja eine Antwort geben.

Ob Sie nun eine einfühlende Reaktion als Frage oder Feststellung formulieren – bleiben Sie auf jeden Fall offen dafür, wenn Ihr Gegenüber Sie korrigiert und (bezogen auf das Beispiel oben) sagt:

Nein, es geht mir nicht darum, mehr Anerkennung zu bekommen. Aber es regt mich auf, wenn du an allem, was ich tue, etwas auszusetzen hast.

Sie hören dann einfach weiter einfühlend zu:

Du ärgerst dich, weil es dir so vorkommt, als ob ich oft unzufrieden mit dir bin.

Oft ist es beim einfühlenden Zuhören hilfreich, wenn Sie sich überlegen, was die andere Person sich anstelle dessen, was Sie Ihnen vorwirft, wohl wünscht:

Du wünschst dir, daß ich öfter etwas so akzeptiere, wie du es ist.

Sagt Ihr Gegenüber nun: «Ja, genau. So ist es!», sind Sie auf dem richtigen Weg.

>>>> Fallen und Mißverständnisse beim einfühlenden Zuhören

Ich bekomme immer wieder Erfahrungen erzählt von Menschen, die mit ihren ersten Versuchen, einfühlend zuzuhören, gescheitert sind oder deren Umgebung irritiert darauf reagierte. Trotz der sehr positiven Wirkungen des einfühlenden Zuhörens gibt es auch Situationen, wo Sie sich selbst keinen Gefallen tun würden, es zu praktizieren, und Situationen, wo es einfach nicht angebracht ist:

Mißverstandenes einfühlendes Zuhören

Wie schon gesagt, wird einfühlendes Zuhören dann manipulativ, wenn es nicht ehrlich gemeint ist, also nicht aus der Achtung für die Meinung und Sichtweise des anderen entspringt, sondern mechanisch oder in einem ironischen Tonfall erfolgt, oder wenn Sie damit bewußt konkrete Antworten umgehen möchten.

Einfühlendes Zuhören bedeutet, sich selbst erst einmal mit einer eigenen Stellungnahme zurückzuhalten. Es läßt sich, wenn Sie nicht ehrlich guten Willens sind, einsetzen, um andere zappeln zu lassen. Die andere Person bekommt keine Antwort, sondern nur eine Rückspiegelung ihrer Frage. Hier ein kurzes Beispiel, bei dem diese Absicht offensichtlich ist:

Ihr Mann fragt Sie: Wo warst du gestern?

Sie antworten: Du möchtest gern wissen, was ich gemacht habe.

Er: Ja, denn ich habe mehrmals angerufen, und du warst nie zu Hause.

Sie: Das beunruhigt dich. Usw.

Das Spiegeln des anderen – denn einfühlendes Zuhören ist es dann ja nicht mehr – kann also auch als Abwehrmethode mißbraucht werden.

Zu bereitwilliges einfühlendes Zuhören birgt aber noch eine andere Gefahr: Sie verlieren Ihre eigenen Bedürfnisse aus den Augen. Manchmal möchten Sie vielleicht gar nicht zuhören, weil Sie selbst gerade mit etwas beschäftigt sind oder weil die Äußerungen Ihres Gegenübers Sie irritieren oder verletzen und Sie erst einmal Ihre eigenen Gefühle klären müssen.

Sie können auch blockiert sein, einfühlend zuzuhören, wenn jemand sehr oft über die gleiche Sache klagt, ohne daß eine Weiterentwicklung sichtbar wird. Folgende Frage wird mir in ähnlicher Form oft von Seminarteilnehmerinnen gestellt: «Eine Freundin klagt immer wieder über ihre frustrierende Arbeitssituation (es kann auch eine chronische Krankheit, eine unglückliche Beziehung oder Einsamkeit sein), fühlt sich aber nicht in der Lage oder will aus irgendwelchen Gründen im Moment nichts daran verändern. Ich bin es müde, mir diese Geschichten immer wieder von neuem anzuhören, und ich sehe auch nicht, daß ich ihr damit irgendwie helfe. Was kann ich tun?»

Hier ist Ihre Fähigkeit gefordert, sich abzugrenzen und Ihre Bedürfnisse einzubringen. Das könnte sich so anhören:

Du sprichst oft über die schwierige Beziehung zu deinem Chef. Ich habe von dir verstanden, daß du im Moment nichts unternehmen willst, um das zu verändern, weil du glaubst, mit ihm nicht reden zu können. Mich frustriert es mittlerweile, wenn du immer wieder über diese Situation klagst. Ich glaube, daß ich dir damit nicht wirklich helfe. Ich unterstütze dich gern, wenn du Rat brauchst, doch ich möchte gern mal wieder über andere Dinge mit dir sprechen.

Im zweiten Teil dieses Buches gebe ich Ihnen weitere Hinweise, wie Sie vermeiden, zum «Retter» für andere zu werden.

Wann einfühlendes Zuhören nicht angebracht ist

Sie sollten mit einfühlendem Zuhören zurückhaltend sein, wenn es keine Hinweise dafür gibt, daß die andere Person über ein Problem jetzt ausführlicher sprechen möchte. Denn trotz oder gerade durch das Zurückhalten von eigenen Meinungsäußerungen kann einfühlendes Zuhören auch als Eindringen in den persönlichen Raum erlebt werden. Somit ist Ihre Einfühlung gefordert, wann es stimmig ist, sich auf die Erlebniswelt einer anderen Person einzustellen und wann Sie einfach Ihre Meinung und Ihr Erleben ausdrücken sollten.

Einfühlendes Zuhören wird Ihnen auch nicht gelingen, wenn Sie von dem Problem der anderen Person nicht genügend Abstand haben und an einer bestimmten Lösung interessiert sind, zum Beispiel in einer Konkurrenzsituation.

Und last but not least: Einfühlendes Zuhören klingt albern, wenn jemand sich so klar ausdrückt, daß dem nichts mehr hinzuzufügen ist. Da reicht dann auch ein «Mhmm» und «So siehst du das also». – Dagegen möchte ich Sie warnen vor dem allzu leichtfertigen «Ich verstehe». In Seminarrollenspielen erlebe ich oft, daß Teilnehmer diese Formulierung häufig an Stellen gebrauchen, wo ein Spiegeln des anderen mehr Klarheit brächte und deutlicher ausdrücken würde, daß Sie sich wirklich bemühen, sich in den anderen einzufühlen.

Sie haben das einfühlende Zuhören jetzt als eine Möglichkeit kennengelernt, in Konfliktgesprächen mit den Reaktionen Ihres Gegenübers umzugehen und das Gespräch in konstruktives Fahrwasser zu lenken. In den nächsten Kapiteln möchte ich Ihnen zeigen, wie Sie diese Fähigkeit gebrauchen können, um den Verlauf von Konfliktgesprächen zu steuern.

Ein Konfrontationsgespräch erfolgreich führen

Sie wissen bereits, wie Sie Du- von Ich-Aussagen unterscheiden und wie Sie einen Konflikt mit einer konfrontierenden Ich-Aussage so ansprechen können, daß Sie nicht unnötig bei Ihrem Konfliktpartner Widerstand provozieren. Im letzten Kapitel haben Sie dann erfahren, wie Sie mit den Reaktionen der anderen Person umgehen und durch einfühlendes Zuhören Du-Botschaften ihren Sprengsatz nehmen können. Jetzt geht es darum, diese beiden Fähigkeiten zu verbinden: Sie werden erfahren, wie Sie in Konfliktgesprächen immer wieder umschalten von Ich-Aussagen zu einfühlendem Zuhören. Diese Form der Konfrontation werden Sie oft brauchen. Denn wir sind ständig herausgefordert, Konflikte zu lösen: mit unseren Kindern, mit dem Partner oder mit einer Kollegin im Büro. Solche Konfrontationen dauern oft nur ein paar Minuten. Doch der Stil, wie Sie miteinander reden, entscheidet, ob Ärger und Mißtrauen untereinander entsteht oder Zufriedenheit auf beiden Seiten, weil Sie einen Konflikt lösen konnten.

Ich möchte Ihnen zuerst zwei Negativbeispiele vorstellen und daran die am weitesten verbreiteten Fehler aufzeigen:

⟩⟩⟩⟩ Ein Negativbeispiel aus dem Büro: Der Kollege telefoniert sehr laut

Frau Weiner fühlt sich durch das laute Telefonieren ihres Kollegen Schmidt bei einem eigenen Telefonat gestört. Sie sagt – während beide telefonieren –:

Würden Sie bitte leiser sprechen, denn ich kann überhaupt nichts verstehen.

Herr Schmidt erwidert ziemlich verärgert, nachdem beide ihre Telefonate beendet haben:

Wenn ich telefoniere, dann möchte ich von Ihnen nicht so

angeredet werden. Ich muß so laut reden, sonst versteht
mich der andere nicht.

Frau Weiner: Aber so geht es doch nicht! Wie soll ich
denn telefonieren, wenn Sie so schreien?

Er (immer gereizter): Das finde ich eine Unverschämtheit! So was muß ich mir nicht sagen lassen!

Sie: Ich habe das Gefühl, Ihnen kann man überhaupt
nichts sagen. Wieso versuchen Sie es nicht einfach mal
etwas leiser? Ich schreie ja auch nicht.

Herr Schmidt geht empört aus dem Raum.

So ungefähr hörte sich ein Konfliktgespräch an, nachdem ich
zwei Teilnehmerinnen zu einem spontanen Rollenspiel in
einer Gruppe aufgefordert hatte (wobei eine Person, Herr
Schmidt, den Auftrag hatte, den unkooperativen Bösewicht zu
spielen, und die andere Person, Frau Weiner, versuchen sollte,
ihn zu einer Veränderung seines Verhaltens zu bewegen). Meistens gehen unvorbelastete Teilnehmer an die Aufgabe heran,
indem sie es mit Verhaltensanweisungen und Abwertungen,
die oft als Gefühlsaussagen getarnt sind, versuchen.

   Auch Frau Weiner beginnt das Gespräch mit einer Verhaltensanweisung – man könnte es wohlwollend einen Lösungsvorschlag nennen –: «Würden Sie bitte leiser sprechen …»
Herrn Schmidts ruppige Antwort kontert sie mit einem lah-
men Argument («Aber so geht es doch nicht») und koppelt
das mit einer Abwertung («… wenn Sie so schreien»). Der
Konflikt eskaliert. Auf seine aggressive Reaktion hin versucht
sie es mit einer als Gefühl getarnten Abwertung («Ich habe
das Gefühl, Ihnen kann man nichts sagen»), einer erneuten
Verhaltensanweisung – diesmal als verquere Frage («Wieso
versuchen Sie es nicht einfach mal etwas leiser?») – und
einer weiteren Abwertung («Ich schreie ja auch nicht»). Sie
behauptet, er schreie, er hingegen hält seine Tonlage für an-

gemessen. Während der Kollege immer wütender wird, ist Frau Weiner der Meinung, daß sie sich wirklich bemüht, sich vorsichtig auszudrücken.

Indem sich die Beteiligten gegenseitig in Ärger und Abwertung hineinsteigern, eskalieren viele Konflikte. Vielen Menschen erscheint diese negative Entwicklung unvermeidbar und zwangsläufig, sie scheuen deshalb jede Art von Auseinandersetzung. Doch Konfliktgespräche müssen nicht so ablaufen. Es geht auch anders.

Eine «weiche Welle» statt Eskalation durch Schlagabtausch

Konfrontationsgespräche, in denen jeder nur auf seine eigene Argumentation fixiert ist, führen – selbst wenn Sie dabei nicht abwerten – schnell zu einem Schlagabtausch. Die Kurve des Gesprächsverlaufs sieht dann vielleicht so aus

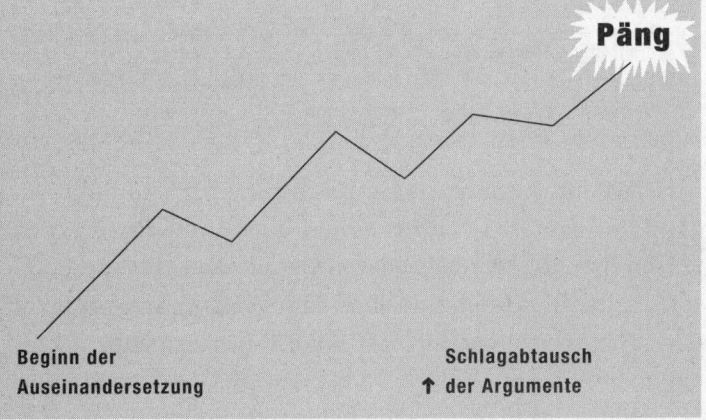

Beginn der
Auseinandersetzung

Schlagabtausch
↑ der Argumente

Ihre Konfliktfähigkeit beweisen Sie dagegen, wenn es Ihnen möglich ist, auf der einen Seite Ihre Sicht des Problems zu beschreiben und auf der anderen Seite die Sichtweise Ihrer Konfliktpartnerin zu hören und einfühlend zu spiegeln – um dann erneut zu Ihrem Anliegen zurückzukehren. Flexibilität und Offenheit sind also notwendig, um Ihre Kommunikationsfitneß unter Beweis zu stellen.:

Ich möchte Ihnen den Ablauf eines konstruktiven Gesprächs zuerst als Kurve zeigen.

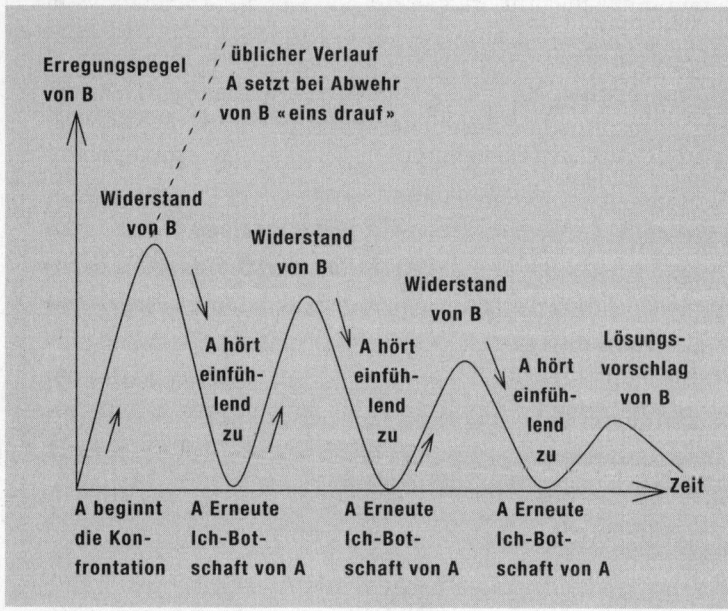

Im Diagramm beginnt das Gespräch mit einer konfrontierenden Ich-Aussage (siehe Ecke links unten), die Person A an Person B richtet. Als Folge davon klettert der Erregungspegel von B. Ihr Blutdruck und ihre Herzfrequenz steigen mehr oder weniger spürbar. Oft sagt B aus dieser Erregung heraus eine abwehrende Botschaft wie im Beispiel oben Herr Schmidt («Das finde ich eine Unverschämtheit!»). Wenn A, im Beispiel oben Frau Weiner, jetzt eins draufsetzt («Ihnen kann man überhaupt nichts sagen»), erhöht sich der Erregungspegel von B – und wahrscheinlich auch der von A. Die übliche Eskalation beginnt. Den weiteren Ablauf können Sie sich sicher ausmalen.

Durch Umschalten sorgen Sie für eine positive Dynamik

Das ist die entscheidende Wende zu einem fairen Konfrontationsgespräch: Statt eins draufzugeben, sollte Frau Weiner als A versuchen, sich in die andere Person einzufühlen: Herrn Schmidts Erregungspegel könnte wieder etwas sinken. Doch da Frau Weiner ja das Anliegen hat, daß Herr Schmidt auf ihre Bedürfnisse Rücksicht nimmt, wird sie an diesem Punkt mit einer erneuten Ich-Aussage versuchen, ihm ihr Problem nahezubringen. Der Erregungspegel von Herrn Schmidt wird vielleicht wieder etwas ansteigen, doch nicht mehr so hoch wie zu Beginn der Konfrontation.

In einem geglückten Konfrontationsgespräch wird die Erregungskurve immer mehr abflachen, da A sein Problem beschreibt, statt B zu beschuldigen und einfühlend zuhört. B braucht sich nicht zu verteidigen. Im Idealfall wird bei B durch die abwertungsfreien Interventionen von A die Bereitschaft geweckt, einen Lösungsvorschlag zu machen.

Positivbeispiel: Der Kollege telefoniert sehr laut

Frau Weiner konfrontiert Herrn Schmidt nach einem Telefongespräch:

Wenn Sie telefonieren, sprechen Sie so laut, daß ich Mühe habe, selbst jemanden am Telefon zu verstehen. Deshalb vermeide ich, zur selben Zeit wie Sie zu telefonieren. Doch manchmal werde ich auch angerufen, während Sie telefonieren, und dann verstehe ich oft nicht, was der andere sagt.

Herr Schmidt: Ich weiß wirklich nicht, was Sie wollen. Ich spreche in einer ganz normalen Lautstärke.

Sie (schaltet um auf einfühlendes Zuhören):   Sie glauben, daß Sie nicht lauter als andere sprechen.

Er: Allerdings!

Sie: Ihnen scheint es nicht laut vorzukommen, doch eben habe ich die Anruferin nicht verstanden und mußte nachfragen.

Er: Vielleicht hören Sie schlecht. Sie sollten mal Ihr Gehör prüfen lassen. Manchmal weiß man gar nicht, daß man schlecht hört.

Sie: Sie meinen, das könnte daran liegen. – Mir ist sonst noch nicht aufgefallen, daß ich schlecht hören könnte. Außerdem fühle ich mich auch gestört, wenn ich nicht telefoniere. Ich kann mich während Ihrer Telefonate nur schwer auf meine Arbeit konzentrieren. Ich bin wirklich frustriert darüber.

Er: Das ist das erste Mal, daß sich jemand über meine laute Stimme beklagt.

Sie: Sie können es noch gar nicht glauben, daß sie jemanden stören könnten. – Mir ist wichtig, konzentrierter arbeiten zu können. Und wenn ich telefoniere, möchte ich die Person am anderen Ende verstehen können. (Sie greift ihn nicht an, sondern nennt ihr Bedürfnis.)

Er: Na gut, ich werde mich künftig bemühen, leiser zu sprechen. Sie können mir ja ein Zeichen geben, wenn ich Ihnen zu laut bin.

Hier die Spielregeln eines Konfrontationsgesprächs

> Beginnen Sie mit einer konfrontierenden Ich-Aussage.
> (Beschreibung des störenden Verhaltens / Problems, der Auswirkungen auf Sie und Ihr Gefühl)
> Geben Sie keine Verhaltensanweisungen und Lösungen vor.

> Würdigen Sie die Einwände Ihres Konfliktpartners mit einfühlendem Zuhören.
> Verlieren Sie dabei nicht Ihr Anliegen aus dem Auge – gehen Sie also nicht zu sehr inhaltlich auf die Argumente ein.

> Wiederholen Sie in Ich-Aussagen die Beschreibung und Veranschaulichung Ihrer Problemsituation.
> Wie stellt sich das Problem für Sie dar? Wie können Sie das noch mehr verdeutlichen?

> Schalten Sie nach jedem Einwand Ihres Konfliktpartners wieder um von Ich-Aussagen auf einfühlendes Zuhören.

> Geben Sie Ihrem Konfliktpartner die Chance, Lösungsideen zu entwickeln.
> Halten Sie sich mit eigenen Lösungsvorschlägen zurück, da sie oft als Verhaltensanweisungen erlebt werden.

Dieses Schema soll nur eine Hilfe für den Anfang sein. Sie sollten den Schritten nicht starr folgen. In der Wirklichkeit haben Konfliktgespräche ihre eigene Dynamik.

Ich möchte diesen Ablauf verdeutlichen, indem ich Ihnen ein weiteres Negativbeispiel vorstelle und anschließend ein Positivbeispiel der gleichen Situation.

Ein Negativbeispiel aus dem Privatbereich: Zuspätkommen

Sonja wartet seit einer halben Stunde in einem Café auf ihre Freundin Marianne. Als sie endlich erscheint, sagt Sonja zu ihr:

Ich bin wirklich enttäuscht. Du hattest versprochen, mich diesmal nicht wieder eine halbe Stunde warten zu lassen. Du lernst es wohl nie, pünktlich zu sein.

Marianne: Tut mir leid, aber ich bekam noch einen Anruf von Thomas – gerade als ich loswollte. Dadurch habe ich die S-Bahn verpaßt, die ich eigentlich nehmen wollte.

Sonja: Es ist immer das gleiche mit dir, du kommst einfach immer zu spät. Ich frag mich, wie du das machst.

Marianne: Ach komm, du bist aber auch wirklich sehr pingelig.

Sonja: Jetzt willst du es auch noch so hinstellen, als wenn ich schuld wäre. Du hattest schließlich hoch und heilig versprochen, daß du diesmal pünktlich sein wirst.

Marianne: Aber der Anruf war wichtig. Ich telefoniere schon die ganze Zeit hinter Thomas her, weil wir wegen unseres Urlaubs noch einiges zu klären haben.

Sonja: Ja, du hast immer gute Argumente! Aber mir reicht's einfach. Ich mag mich schon gar nicht mehr mit dir verabreden.

Dieser Schlagabtausch ist sehr typisch für unfruchtbare, die Frustration auf beiden Seiten fördernde Streitgespräche. Dabei hätte es Sonja durchaus in der Hand gehabt, die Auseinandersetzung in eine positive Richtung zu lenken, egal was Marianne tut oder sagt.

Anmerkung: Wir schauen uns bei der Analyse solcher Streitgespräche nur das Verhalten der Person an, die eine Störung anspricht, in diesem Beispiel Sonja. Denn Ziel dieses Kapitels ist zu zeigen, wie Sie eine Störung ansprechen und den Verlauf des Gesprächs steuern können, selbst wenn die andere Person zuerst unkooperativ und mit Ärger reagiert.

Wenn wir uns nun Sonjas Argumente anschauen, fällt auf, daß sie kaum über sich spricht – außer daß sie sagt, wie enttäuscht sie ist. Sie beschreibt ansatzweise das Problem («Du hattest versprochen, mich diesmal nicht wieder eine halbe Stunde warten zu lassen»), ohne aber zu sagen, wie sich Mariannes Unpünktlichkeit für sie selbst auswirkt. Statt dessen wertet sie Marianne immer wieder ab («Du lernst es wohl nie, pünktlich zu sein») und geht auf ihre Argumente auch nur in abwertender Form ein («Jetzt willst du es auch noch so hinstellen …»).

Wie könnte das Gespräch zwischen Sonja und Marianne verlaufen, wenn Sonja die Regeln für ein Konfrontationsgespräch beherzigen würde? Der Klarheit halber habe ich das Schema am linken Rand noch mal deutlich gemacht.

Positivbeispiel: Zuspätkommen

Sonja konfrontiert Marianne:

Verhalten *Ich warte seit einer halben Stunde auf dich. Du hattest versprochen, diesmal wirklich pünktlich zu sein. Wir hatten halb acht ausgemacht, jetzt ist es acht.*

Folgen *Ich fürchte, Kino können wir vergessen. Wir werden wahrscheinlich keine Karten mehr bekommen.*

efühl   Ich bin wirklich sauer darüber!

Marianne:

inwand   Das tut mir leid, aber ich bekam noch einen Anruf von Thomas – gerade als ich loswollte. Dadurch habe ich die S-Bahn nicht mehr gekriegt.

Sonja:

infühlend   Du meinst, wenn du nicht aufgehalten worden wärst, wärst du pünktlich gewesen.

Marianne wirft ein: Auf jeden Fall!

Sonja:

ch-Aussage   Ich möchte gern, daß ich künftig bei unseren Verabredungen nicht immer wieder warten muß.

Marianne:

inwand   Es tut mir sehr leid. Aber ich finde, du bist auch wirklich sehr pingelig.

Sonja:

infühlend   Dir wär's lieber, ich würde damit gelassener umgehen.

Marianne: Ja, wirklich!

Sonja:

ch-Aussage   Ich bin frustriert, weil ich in der letzten Zeit so oft auf dich gewartet habe. Ich wünsche mir, daß du zum vereinbarten Zeitpunkt einfach da bist, vor allem wenn wir etwas zusammen unternehmen wollen.

Marianne:

inwand   Aber der Anruf war wichtig für mich. Ich telefoniere schon die ganze Zeit hinter Thomas her, weil wir wegen unseres Urlaubs noch einiges zu klären haben.

Sonja:

infühlend   Du warst froh, daß du das noch erledigen konntest.

Marianne: Allerdings!

Sonja:

ch-Aussage   Wie können wir einen Weg finden, daß nicht immer wieder ich diejenige bin, die wartet und frustriert ist?

Marianne (seufzt):   *Du kennst mich ja. Das mit der Pünktlich-keit ist wirklich schwierig für mich. Ich will mich bemühen.*

Lösung   *Aber wir wär's, wenn wir das nächste Mal gleich vorher darüber reden, was wir am Abend machen wollen, und ich be-stelle dann die Karten? Dann sind wir nicht so unter Druck.*

Bei einer schriftlichen Wiedergabe eines Streitgesprächs bekommen Sie natürlich nichts von der Mimik, der Gestik und dem Tonfall mit, die ja auch eine große Rolle spielen. Beispielsweise ist eine einfühlende Botschaft, im sarkasti-schen Tonfall geäußert, keine einfühlende Botschaft, denn diese setzt eine wohlwollende Haltung voraus. Stellen Sie sich bei den Beispielen also vor, daß die konfrontierende Per-son – hier ist das Sonja – wirklich um eine positive Haltung bemüht ist. Das heißt aber wiederum nicht, daß Sie anders reden sollten, als Ihnen um's Herz ist: Sie brauchen nicht lieb zu säuseln, wenn Sie ärgerlich sind. Doch Ihr Gegenüber spürt, ob Sie offen dafür sind, auch seine Sicht des Konflikts anzuhören, oder ob Sie ihn abwehren und abwerten.

In einem fairen Streit ist die Zielrichtung nie, recht zu be-halten, indem die Argumente des anderen niedergemacht werden, sondern eine einvernehmliche Lösung für ein Pro-blem zu finden.

)))) Worauf Sie beim Konfrontieren achten sollten
Beginnen Sie nicht mit Verhaltensanweisungen,
denn sie provozieren Widerstand

Beobachten Sie, was passiert, wenn Sie ein Gespräch mit Lö-sungsvorschlägen oder Verhaltensanweisungen beginnen, zum Beispiel: «Bitte könnten Sie während des Telefonierens leiser sprechen» oder «Bestell du künftig vorher die Kinokar-ten, denn du bist immer diejenige, die zu spät kommt». – Sol-che Vorschläge werden meist entrüstet zurückgewiesen, mit Ausflüchten und Erklärungen abgetan, oder die andere Person geht widerwillig auf Ihre Vorschläge ein, ohne sie tatsächlich umzusetzen. Viele Menschen verbinden negative Erinnerungen damit, wenn ihnen gesagt wird, was sie tun sollen, und reagieren mit Widerstand. Deshalb sollten Sie beim Konfrontieren die Dringlichkeit Ihres Wunsches deutlich machen, indem Sie beschreiben, worin die Störung für Sie besteht und wie sie sich für Sie auswirkt. Frau Weiner aus dem Beispiel oben sagte: «Ich möchte konzentrierter arbeiten können, und ich möchte die Person am anderen Ende der Leitung verstehen.» Doch vermeiden Sie zu sagen, was der andere tun soll, zum Beispiel «leiser sprechen».

Auf den ersten Blick mag Ihnen das spitzfindig erscheinen, und Sie werden vielleicht einwenden: «Aber das liegt doch auf der Hand. Was ist dabei, wenn ich das dem anderen sage?» – In der konkreten Situation werden Sie spüren, welch ein Unterschied es für Sie ist, zu hören, was jemand braucht, statt gesagt zu bekommen, was Sie tun sollen. Viele Menschen empfinden dies als Bevormundung.

Durch Ihre Ich-Aussagen wird bei der anderen Person ein innerer Suchprozeß angeregt. Die Lösung für das Problem soll nach Möglichkeit von der anderen Person kommen, denn das ist die beste Garantie dafür, daß sie dahintersteht und sie umsetzt.

Das soll jedoch nicht in ein verstecktes Machtspiel ausufern. Wenn Ihrem Konfliktpartner keine gute Lösung einfällt, er abwehrende Bemerkungen macht wie «Das ist doch nicht mein Problem» oder «Da kann man halt nichts machen» oder Sie fragt, was er jetzt tun soll, so können Sie auch Lösungen vorschlagen. Doch achten Sie darauf, was dann passiert und wie die andere Person damit umgeht. Sagt sie zu Ihrem Lösungsvorschlag: «Ja, das ist eine gute Idee. So können wir es machen», dann war der Zeitpunkt richtig, denn sie konnte Ihre Idee annehmen. Hat sie dagegen Entschuldigungen und Erklärungen parat, warum sich das so nicht machen läßt, so sollten Sie fortfahren zu konfrontieren, bis Sie deutlich eine Bereitschaft beim anderen spüren, Lösungen zu suchen und einzubringen.

Es kann allerdings durch ein solches Gespräch auch deutlich werden, daß Ihr Gegenüber auf stur schaltet und nicht bereit ist, an seinem Verhalten oder der Situation etwas zu verändern. Auf diesen Punkt gehe ich im letzten Abschnitt dieses Kapitels ausführlicher ein.

Je heftiger der Widerstand, desto wichtiger Ihre Einfühlung

Gerade zu Beginn einer Konfrontation ist es sehr wichtig, genau hinzuhören und hinzuspüren, welche Bedürfnisse und Gefühle die andere Person hat (die sie oft nicht direkt verbal, sondern zwischen den Zeilen ausdrückt) sowie welche Sichtweise sie vertritt, und diese durch einfühlendes Zuhören auszudrücken.

So bringt im Beispiel oben Marianne den Einwand: «Aber der Anruf war wichtig für mich.» Sonja fühlt sich in dieses Argument ein: «Du warst froh, daß du das noch erledigen konntest.» Damit erkennt sie an, daß Marianne der Meinung ist, daß sie sich aus einem wichtigen Grund verspätet hat. Das heißt nicht, daß Sie diese Entschuldigungen immer akzeptieren müssen. Doch das wird ja aus dem weiteren Verlauf des Gesprächs zwischen Sonja und Marianne deutlich.

Mit Ihrer Fähigkeit und Bereitschaft, sich in die andere Person einzufühlen, können Sie sehr viel zur Entspannung der Konfliktsituation beitragen, da Ihr Gegenüber, sich akzeptiert fühlt. Jedes Kopfnicken und «Ja, genau so ist es!» oder «Endlich verstehst du mich!» von ihm zeigt Ihnen, daß Sie auf dem richtigen Weg sind. Erst dann sollten Sie erneut Ihre eigenen Bedürfnisse einbringen. Durch dieses behutsame Vorgehen löst sich der Widerstand bei Ihrem Gegenüber, und seine Bereitschaft wächst, sich eine Lösung für das Problem einfallen zu lassen.

Diese Fähigkeit, gerade in schwierigen, emotional aufgeladenen Gesprächssituationen zuerst die Gefühle und Bedürfnisse der anderen Person zu hören und zu würdigen, unterscheidet Faire Kommunikation von rhetorischen Tricks und freundlichen Floskeln. Sie verlangt von Menschen, die sie praktizieren wollen, viel Bewußtheit und Übung. Denn nicht jedem gelingt es auf Anhieb, gelassen zu bleiben und die richtigen Worte zu finden, wenn er von seinem Gegenüber gerade aggressiv attackiert wird. Zumal ja nicht nur Einfühlung gefragt ist, sondern auch die Fähigkeit, das eigene Anliegen selbstbewußt zu vertreten, ohne die andere Person abzuwerten. Zur Veranschaulichung hier noch mal ein Beispiel:

Beispiel: Aufgabenteilung bei der Hausarbeit

Lilly ist berufstätig und hat mit ihrem Mann und ihrem 14jährigen Sohn vereinbart, die Hausarbeit untereinander zu teilen. Sohn Markus ist für die Müllentsorgung zuständig, erledigt das aber oft nicht.

Lilly konfrontiert: Ich habe dich jetzt schon öfter daran erinnert, den Müll und die Flaschen wegzubringen. Ich bin enttäuscht darüber, da wir ja abgesprochen haben, daß du dich darum kümmerst. Ich möchte gern, daß du es von allein tust, wenn du siehst, daß der Mülleimer voll ist.

Sohn Markus: Immer meckerst du an mir rum! Entweder sind's die Hausaufgaben oder daß ich meine Sachen wegräumen soll oder jetzt der Müll. Ich möchte in diesem Haus auch mal machen können, wozu ich Lust habe.

Sie: Dir kommt es so vor, als ob du sehr oft von mir kommandiert wirst. (Einfühlung)

Er: Ja! Gestern, als ich mit Felix Video schauen wollte, kamst du auch und hast gefragt, ob ich denn schon die Hausaufgaben gemacht habe. Ich bin doch kein Kind mehr.

Sie: Du möchtest gern selbst entscheiden, was jetzt für dich dran ist, und siehst dich von mir in deiner Freiheit eingeschränkt. (Nach ihrer wiederholten Einfühlung und einer kurzen Atempause schaltet sie um.) Ich möchte dir gern sagen, wie es mir damit geht. Damit es kein Kuddelmuddel wird, schlage ich vor, die beiden Themen Hausarbeit und Hausaufgaben getrennt zu behandeln. Bist du damit einverstanden?

Er: Meinetwegen, obwohl ich finde, daß das Hauptproblem dein ewiges Herumnörgeln an mir ist.

Sie: Du bist wirklich genervt, daß ich bestimmte Punkte immer wieder anspreche, und wünschst dir, daß ich damit aufhöre. (Einfühlung und Umschaltung auf Ich-Aussagen) – Ich möchte gern, daß wir miteinander schauen, was jeder tun kann, um den Konflikt auszuräumen. Ich fange mal mit der Hausarbeit an. Trotz unserer Vereinbarung war der Mülleimer oft so voll, daß ich ihn manchmal sogar genervt selber runtergetragen habe, wenn du nicht da warst. Ich wünsche mir, daß du die Aufgaben, die du übernommen hast, selbständig erledigst. Was meinst du dazu?

Er: Das würde ich auch, wenn du mir nicht immer zuvorkommst. Du kannst es anscheinend gar nicht erwarten, mich ständig deswegen anzumachen.

Sie: Du glaubst, ich bin zu ungeduldig. (Nach einer kurzen Einfühlung verdeutlicht sie wieder ihre Position:) Mir ist es wirklich lästig, wenn der Mülleimer so voll ist, daß er schon überquillt. Ich weiß dann nicht, wohin mit dem Abfall und finde das sehr nervig. Ich würde gern wissen, ob du eine Idee hast, wie wir das besser miteinander regeln könnten.

Er: Na gut, ich werde künftig jeden Abend schauen, wie voll der Mülleimer ist, und ihn runterbringen, wenn du es für erforderlich hältst. Bist du damit zufrieden?

Sie: Das ist ein tolles Angebot. Damit wäre ich sehr zufrieden.

- *Nun wäre da noch das Thema Hausaufgaben. Ich schlage vor, laß wir darüber mal in Ruhe zusammen mit deinem Vater sprechen. Ich mache mir wirklich Sorgen, ob du die Klasse schaffen wirst, wenn du so wenig für die Schule tust. Ich möchte dich gern unterstützen, doch vielleicht ist die Art, wie ich das mache, nicht die richtige.*

Bleiben Sie bei einem Thema

Am Beispiel oben können Sie sehen, wie Sie damit umgehen können, wenn Ihr Konfliktpartner verschiedene Themen zur Sprache bringt. Sich auf ein Thema zu beschränken ist sehr wichtig. Wenn Sie von einem Thema zum nächsten springen, haben Sie zwar eine sehr lebendige Diskussion, aber es kommt nichts dabei heraus. Der Erfolg eines Konfrontationsgesprächs bemißt sich daran, ob Sie für einen Konflikt eine Lösung gefunden haben, hinter der Sie beide stehen. Wenn dies nicht möglich ist, sollten Sie zumindest herausbekommen haben, wie weit die andere Person überhaupt zu einer Veränderung ihres Verhaltens bereit oder manchmal auch nicht bereit ist. Wenn Sie mit mehreren Streitthemen gleichzeitig jonglieren, wird Ihnen das nicht gelingen. Deshalb: Verweisen Sie Argumente, die sich auf andere Punkte beziehen, auf ein späteres Konfliktgespräch. Sollte sich herausstellen, daß ein anderes Thema vorrangig behandelt werden sollte, so können Sie auch sagen:

Mir scheint, diesen Punkt müssen wir zuerst klären. Laß uns zuerst darüber sprechen und den anderen Punkt zurückstellen.

Es sollte auf jeden Fall immer klar sein, um welches Thema es gerade geht. Als jemand, der über Kommunikation schon etwas besser Bescheid weiß, haben Sie also auch die Aufgabe, Ihr Konfliktgespräch zu moderieren.

Vermeiden Sie ein «Aber» zwischen einfühlendem Zuhören und Ich-Aussagen

Achten Sie darauf, daß Sie nach dem einfühlenden Zuhören nicht mit einem «Aber» weiterfahren. Ein «Aber» entwertet das, was Sie vor dem «Aber» gesagt haben.

Beispiel: Im Mütterheim

Eine Gruppenleiterin konfrontiert die Köchin in einem Mütterheim, die für die von ihr betreute Gruppe einen Saftfastentag angesetzt hatte, ohne sie vorher darüber zu informieren.

Gruppenleiterin: Sie haben den Frauen vor zwei Tagen gesagt, daß Saftfasten angesetzt ist, aber Sie haben mich nicht darüber informiert. So war ich gestern ziemlich überrascht, als ich die Säfte auf dem Tisch sah. Ich mußte das Tagesprogramm verändern, um es auf den Fastentag abzustimmen, und mußte die Frauen im nachhinein über den Sinn des Fastens aufklären. Ich war ziemlich verärgert.

Köchin: Ich dachte, wenn ich das den Frauen sage, werden sie das Ihnen schon sagen.

GL: Sie glaubten, ich erfahre das über die Frauen. – Ich möchte gern, daß Sie mir das persönlich sagen.

Köchin: Ich sehe Sie oft nicht und weiß nicht, wann ich Ihnen das sagen soll.

GL: Mhm. Sie finden es schwierig, mich persönlich zu erreichen. – Mir ist es sehr wichtig, daß Sie sicherstellen, daß ich auch wirklich Bescheid weiß.

Köchin: Ich werde Ihnen das nächste Mal einen Zettel in Ihr Fach legen. Dann können Sie mich anrufen.

Im Beispiel würdigt die Gruppenleiterin den Einwand der Köchin mit der Bemerkung: «Sie glaubten, ich erfahre das über die Frauen.» Danach fährt sie fort mit einer Ich-Aussage, und an dieser Stelle ist die Verführung sehr groß, den Satz zu beginnen mit: «*Aber* ich möchte gern, daß Sie mich persönlich vorher informieren.» Tun Sie das nicht. Gönnen Sie sich statt dessen eine kleine Atempause, sofern Sie nicht sowieso von der anderen Person mit bestätigenden Kommentaren unterbrochen werden wie «Ja, so ist es!» oder «Nein, das wußte ich wirklich nicht». Dann fahren Sie mit Ich-Aussagen fort. Dadurch entsteht ein entspanntes Gesprächsklima, und Ihr Konfliktpartner spürt, daß er sich nicht verteidigen muß. Und wenn Menschen sich nicht verteidigen müssen, fällt es den meisten relativ leicht einzulenken. Eine Seminarteilnehmerin sagte nach einem Rollenspiel, in dem sie die Aufgabe hatte, die widerspenstige und unkooperative Konfliktpartnerin zu spielen: «Ich spürte, daß ich in dieser abwehrenden Art nicht weitermachen konnte und wollte, da mir kein Widerstand entgegengebracht wurde. Außerdem gingen mir auch die Argumente aus. Es war zwangsläufig, daß ich anfing, mir eine Lösung für das Problem zu überlegen.»

Versuchen Sie nicht, jedes Gegenargument zu entkräften

Diskutieren Sie nicht darüber, ob die Einwände und Ausreden begründet sind. Zum Beispiel sagt die Köchin im Beispiel oben: «Ich sehe Sie oft nicht …» Selbst wenn Sie der Meinung sind, daß das nicht stimmt, ist es oft klüger, einen Einwand einfach stehen zu lassen und lediglich zu spiegeln («Sie finden es schwierig, mich persönlich zu erreichen»). Wenn Sie jedes Argument entkräften wollen, besteht die Gefahr, daß Sie sich verzetteln. Oft sind Sie in einem Konfrontationsgespräch erfolgreicher, wenn Sie statt dessen immer wieder auf Ihr Anliegen zurückkommen und es auf den Punkt bringen («Ich möchte gern, daß Sie mir das persönlich sagen») – so lange, bis von der anderen Person ein Lösungsvorschlag kommt. Wenn dieser für Sie nicht akzeptabel oder ausreichend ist, konfrontieren Sie weiter, indem Sie Ihre Situation beschreiben und Ihre Bedürfnisse nennen, bis Sie gemeinsam eine befriedigende Lösung finden. Der Sinn dieses Vorgehens liegt darin, daß Sie Ihrem Konfliktpartner Ihre Situation so verdeutlichen, daß die innere Bereitschaft bei ihm wächst, sein Verhalten zu verändern beziehungsweise etwas zur Veränderung der Situation beizutragen.

Interpretieren Sie Abwehr mit Wohlwollen

Wenn Sie selbstbewußt genug sind, können Sie es sich erlauben, abwehrende und aggressive Bemerkungen positiv umzudeuten, sie womöglich «mißzuverstehen», indem Sie sie lediglich neutral spiegeln und nicht inhaltlich darauf eingehen.

Ein Beispiel: Einer meiner Teilnehmer, nennen wir ihn mal Erich, erzählte einen Konflikt mit einem Nachbarn, der sein Auto häufig vor Erichs Einfahrt parkte. Er konnte dann nur mit großer Mühe aus der Garage fahren. Erich meinte, wenn er seinem Nachbarn dieses Problem beschreiben würde, dann würde der womöglich nur «Und!?» sagen und ihn grimmig anschauen. In so einem Moment können Sie Ihre Kreativität beweisen, indem Sie beispielsweise diese aggressive Reaktion wohlwollend uminterpretieren:

Sie haben im Moment noch keine Idee, wie Sie mir da helfen könnten.

Oder: *Sie fragen sich, weshalb ich Sie deswegen anspreche.*

Die Verblüffung Ihres Gegenübers dürfte Ihnen erst einmal sicher sein. Und selbstverständlich würden Sie dann mit Ich-Aussagen Ihr Problem noch einmal darlegen. Im folgenden Beispiel äußert sich der Widerstand weniger aggressiv.

Beispiel: In einem Architekturbüro

Die Sekretärin eines kleinen Architekturbüros konfrontiert ihren Chef mit einem Problem:

Ich habe ein Problem mit dem Arbeitsanfang um acht Uhr morgens. Ich muß vorher immer noch mein Kind in den Kindergar-

...en bringen und hetze mich deshalb jeden Morgen ab, um ...ünktlich hier sein zu können. Ich bin oft schon völlig geschafft, ...enn ich hier ankomme.

...hef (wendet ein): Aber gerade morgens brauche ich Sie oft ...anz dringend, damit Sie mir wichtige Unterlagen raussuchen, ...evor ich auf die Baustelle gehe.

...ekretärin: Sie können also gerade morgens nicht auf mich ver- ...ichten.

...er Chef (nickt mit dem Kopf): Ich wünsche mir, daß mein Tag ...twas entspannter anfangen könnte. Wenn mein Kind beim ...rühstück noch rumbummelt, was es meistens tut, bin ich im- ...er schon ganz genervt, und es ist jedesmal ein richtiger Streß, ...is wir endlich loskommen.

...hef: Wie wär's, wenn Sie früher aufstehen würden, dann ha- ...en Sie mehr Zeit.

...ekretärin (würdigt zunächst seinen Vorschlag): Sie glauben, mit ...rühzeitigem Aufstehen wär's zu schaffen. – Das ist ja gerade das ...roblem! Zuerst bekomme ich die Kleine nicht aus dem Bett, ...nd dann trödelt sie herum. Ich wünsche mir, ich wäre morgens ...icht so unter Druck.

...hef (bietet eine Lösung an): Na gut, eigentlich kann ich mir ja ...uch schon abends überlegen, welche Unterlagen ich morgens ...rauche. Dann können Sie sie mir bereitlegen und fangen eine ...iertelstunde später an. Ist Ihnen damit geholfen?

...ekretärin: Sehr! Vielen Dank für Ihr Entgegenkommen. Dann ...leibe ich abends die Viertelstunde länger.

In diesem Beispiel könnte die Sekretärin den Rat ihres Chefs, früher aufzustehen, auch als Vorwurf verstehen. Sie tun aber besser daran, selbst Ideen, die versteckte Vorwürfe enthalten oder absurd sind, wohlwollend als «Lösungsideen» zu interpretieren und neutral zu spiegeln: «Sie glauben, mit frühzeitigem Aufstehen wär's zu schaffen.» Das trägt sehr zur Entspannung der Atmosphäre bei. Es wäre nicht vorteilhaft zu kontern: «Meinen Sie etwa, ich steh nicht früh genug auf!» Damit würden Sie ausdrücken, daß Sie sich angegriffen fühlen und meinen, sich rechtfertigen zu müssen. Schon kommt eine negative Dynamik in Gang. Diese Nuancen sind wichtig, denn wenn Sie sich bemühen, ein wohlwollendes und sachliches Gesprächsklima zu bewahren, gewinnen beide Gesprächspartner.

Sollte Ihr Gegenüber Ihnen allerdings eine konkrete Frage stellen, die für den weiteren Verlauf des Gesprächs relevant ist (zum Beispiel: «Wann stehen Sie denn jetzt morgens auf?»), so können Sie diese Frage natürlich beantworten. Mit der Zeit werden Sie ein Gefühl dafür bekommen, wann inhaltliches Eingehen auf Argumente Ihres Gegenübers ratsam ist und wann Sie besser daran tun, Ihr Anliegen zu vertreten und Ihre Sicht der Dinge darzulegen.

Nicht welche Lösung Sie finden, ist entscheidend, sondern wie Sie sie finden

Meine Seminarteilnehmer fangen oft während der Rollenspiele an, eifrig zu überlegen, welche Lösungen es für ein bestimmtes Problem geben könnte. Das ist sicher eine gute Kreativitätsübung. Bei der Fairen Kommunikation kommt es jedoch weniger darauf an, *welche* Konfliktlösung Sie finden (da gibt es viele Möglichkeiten), sondern *wie* Sie zu einer guten Lösung kommen, nämlich ohne abzuwerten und über die Bedürfnisse anderer hinwegzugehen.

Beispiel: Termindruck

Ein Mitarbeiter bekommt von seinem Vorgesetzten eine Arbeit zur Erledigung auf den Tisch gelegt mit der Bemerkung, daß er diese bis morgen dringend braucht.

Mitarbeiter: Ich sitze gerade über der Monatsabrechnung, die bis Freitag fertig sein muß, und jetzt möchten Sie noch bis mor-

en von mir diese Statistik ausgearbeitet haben. Ich weiß nicht, vie ich das schaffen soll.

orgesetzter: Sie halten es für schwierig, die Statistik bis morgen u erstellen.

Er hört also zuerst einfühlend zu, dann schaltet er um, um die Wichgkeit seines Anliegens zu begründen.) Ich brauche die Statistik ringend für einige wichtige Entscheidungen, die morgen in der Konferenz anstehen. Ich weiß nicht, wer sie sonst so schnell mahen könnte. Sie sind in die Materie eingearbeitet.

Mitarbeiter: Es ist ja nicht nur die Monatsabrechnung, sonern ich habe auch die Kundenanfragen zu beantworten. Sie nüßten mal hören, wie es hier zur Zeit zugeht. Das Telefon klinelt am laufenden Band, und ich werde immer wieder aus meier Arbeit herausgerissen.

orgesetzter (einfühlend): Sie werden also vor allem durch die ielen Anfragen aufgehalten.

Mitarbeiter: Ja, allerdings!

orgesetzter (stellt erneut sein Anliegen dar, ohne eine Verhaltensaneisung zu geben): Die Statistik ist für mich sehr wichtig, und ch wäre erleichtert, wenn wir einen Weg finden könnten, daß ie sie machen können. Haben Sie eine Idee, was Ihnen helfen önnte?

Mitarbeiter: Es würde mir enorm helfen, wenn jemand das Teefon für heute und morgen übernehmen könnte. Dann könnte ch zuerst die Statistik machen und danach an der Monatsabechnung weiterarbeiten.

orgesetzter: Haben Sie eine Idee, wer in Frage käme dafür?

Mitarbeiter: Wie wär's mit Frau Matzke, die macht ja sonst uch meine Urlaubsvertretung und kennt sich aus.

Zuerst möchte ich Sie darauf aufmerksam machen, daß in diesem Beispiel beide Konfliktpartner sehr sachlich argumentieren und beim Thema bleiben. Auch das kommt ja vor.

Ich möchte damit auch auf eine Frage eingehen, die ich manchmal in meinen Seminaren zu hören bekomme: «Ja, was geschieht denn, wenn der andere auch Faire Kommunikation beherrscht?» Dahinter schimmert die Befürchtung durch, daß dies ein Nachteil wäre. Tatsächlich ist es ein Riesenvorteil, denn dadurch können Sie Konflikte noch schneller und effektiver lösen.

Der Vorgesetzte hat zuerst mit Einfühlung auf die Argumente seines Mitarbeiters reagiert und damit seine Wertschätzung ausgedrückt. Wertschätzung ist nämlich nicht nur bei abwehrenden Bemerkungen förderlich, sondern ebenso bei sachlich vorgebrachten Argumenten.

Im nächsten Schritt führt der Vorgesetzte an, welche Bedeutung die Statistik für ihn hat. Er vermeidet jedoch, dem Mitarbeiter eine direkte Anweisung zu geben. Denn wie Sie mittlerweile wissen, ist die Gefahr groß, daß dadurch Widerstand beim anderen hervorgerufen wird. Weit geschickter ist es, wenn Sie die Person, von der Sie sich Unterstützung wünschen und die die Lösung umzusetzen hat, zu Vorschlägen auffordern, so wie es der Vorgesetzte im Beispiel oben getan hat. Lösungen, die auf diese Weise erarbeitet werden, sind wesentlich stabiler, da sie keine Anweisungen von oben sind, gegen die die andere Person vielleicht innerlich rebelliert. Durch die gemeinsame Lösungsfindung erhält der Vorgesetzte rechtzeitig die dringend benötigte Statistik, und der Mitarbeiter wird in seinem Wert bestätigt.

Werten Sie Bedürfnisse anderer nicht ab

Oft wird die Auseinandersetzung schwierig, wenn es um Bedürfnisse und Vorlieben geht, die sehr persönlicher Natur sind und eng mit unseren Wertvorstellungen oder unserer ganz persönlichen Lebensgeschichte verknüpft sind:

Beispiel: Nachmittagskaffee

Das Rentnerehepaar Lang berichtete in einem Seminar von einem nicht dramatischen, aber scheinbar unlösbaren Konflikt, der erst auftauchte, seit Herr Lang in Rente ist: Frau Lang möchte am Nachmittag gern eine gemütliche Kaffeestunde mit Kuchen und schönem Geschirr, ihr Mann zieht aber eine deftige Brotzeit mit Wurst und Essiggurken oder Leberkäs mit Senf vor. Während es Herrn Lang nicht stört, daß seine Frau lieber Kuchen essen möchte, fühlt sie sich vom Anblick und Geruch der derben Brotzeit sehr in ihrem Genuß beeinträchtigt. Bisher hat sie ihren Mann für sein in ihren Augen primitives Bedürfnis abgewertet mit Bemerkungen wie: «Du bist halt ein richtiger Bauer.»

Was können die beiden nun tun? Manchmal gibt es keine wirklich befriedigende Lösung, auch wenn ich dieses Beispiel noch nicht als Wertkonflikt einordnen würde, denn Frau Lang fühlt sich wirklich beeinträchtigt, wenn ihr zur Kirschtorte der Geruch des Leberkäses in die Nase dringt. Vielleicht könnte Frau Lang beschließen, sich öfter mal mit ihren Freundinnen zu einem Kaffeeklatsch in ihrem Stil zu treffen. Womit sie aber auf jeden Fall aufhören sollte, ist die Herabsetzung ihres Mannes für sein andersgelagertes Bedürfnis.

Das ist eine große Gefahr, daß wir Bedürfnisse anderer Menschen abwerten, weil sie uns fremd sind und unseren Gewohnheiten und Vorlieben widersprechen. Beispielsweise haben viele Frauen und Männer verschiedene Meinung darüber, ob der Deckel der Toilette im gemeinsamen Bad nach Benutzung geschlossen werden sollte oder offenstehen darf. Das gleiche gilt für die leidige Zahnpastatube, die manche Menschen einfach nie zudrehen – was für ordentliche Zeitgenossen wiederum eine unverzeihliche Nachlässigkeit ist.

Wenn sich jemand eklatant in seinem Wohlbefinden beeinträchtigt fühlt, sollte man einen solchen Konflikt nicht als typischen Wertkonflikt einordnen (was damit gemeint ist, erkläre ich gleich im nächsten Kapitel). Dann müßten Sie nämlich anders vorgehen. Ich möchte Ihnen aber einen wichtigen Hinweis geben.

> **Argumentieren Sie, wenn es um ganz subjektive Bedürfnisse geht, nicht mit rationalen Argumenten, sondern mit subjektiven.**

Damit können Sie eher erreichen, daß Ihr Konfliktpartner bereit ist, Rücksicht auf Ihr Bedürfnis zu nehmen, als wenn Sie zu beweisen versuchen, daß Ihr Zahnpastaverbrauch erheblich steigen wird, wenn die Tube offenbleibt, oder daß Leberkäse ungesünder als Sahnetorte ist. Frau Lang könnte ein Gespräch mit ihrem Mann also so einleiten:

Ich mag das sehr, nachmittags schönes Geschirr zu decken und zusammen Kaffee zu trinken und ein Stück Kuchen zu essen. Das empfinde ich als etwas ganz Besonderes und als Gipfel der Gemütlichkeit. Ich würde das gern auch hin und wieder mit dir zusammen genießen. Wärst du bereit dazu?

Manche Konflikte lassen sich nicht auf einer rationalen Ebene lösen, sondern nur indem sich einer dafür entscheidet, auf das Bedürfnis des anderen Rücksicht zu nehmen und ihm einen Gefallen zu tun. Diese Bereitschaft, einander entgegenzukommen, brauchen wir letztlich noch mehr als argumentatives Geschick. Meist fällt uns dies leichter, wenn wir im allgemeinen die Erfahrung machen, daß auch unsere Bedürfnisse berücksichtigt werden.

Ein «Sieg» in einem Streit kann immer nur ein Pyrrhussieg sein

Würdigen Sie jeden Einwand Ihres Kontrahenten wohlwollend, soweit Ihnen das möglich ist. Sollte es Ihnen nicht möglich sein, eine wohlwollende Haltung zu bewahren, wenn Ihr Gegenüber abwehrend oder gar beleidigend und aggressiv reagiert, dann ist das eben der Stand der Dinge. Ich sage das deshalb, weil ich in den Seminaren von manchen Teilnehmerinnen immer wieder zu hören bekomme: «Also, das kann ich nicht! Wenn der andere mich angreift, soll ich auch noch versuchen, ihn zu verstehen.» Doch ich versichere Ihnen, je besser es Ihnen gelingt, Gelassenheit zu bewahren, egal was die andere Person tut oder sagt, um so fruchtbarer werden Ihre Konfliktgespräche. Wirkliche Stärke heißt, nicht Spielball der Emotionen einer anderen Person zu sein, sondern Ihre Anliegen selbstbewußt – ohne sich selbst und andere abzuwerten – zu vertreten. Doch für viele von uns heißt das wirklich umlernen, da wir meinen, schnell Kontra geben zu müssen, um die Oberhand zu bewahren.

Konfrontationsgespräche sollten nicht zu einem Kampf werden, bei dem einer siegt und der andere verliert. Ein «Sieg» in einem Streit kann immer nur ein Scheinsieg sein, der im Verlierer den Wunsch weckt, sich zu rächen. «Ich werde mich bei nächster Gelegenheit revanchieren», bemerkte eine Seminarteilnehmerin, als ich sie fragte, ob sie mit der für sie nicht sehr vorteilhaften Lösung, die sie mit ihrem Konfliktpartner in einem Rollenspiel gefunden hatte, wirklich zufrieden ist. Eine gute Konfliktlösung kann immer nur eine einvernehmliche Lösung sein, bei der keiner der Beteiligten mehr Zugeständnisse macht, als er mit gutem Gefühl machen möchte.

Was tun, wenn Ihr Konfliktpartner auf stur schaltet?

Häufig werde ich in Seminaren gefragt: «Was mache ich, wenn die andere Person nicht bereit ist, etwas an ihrem Verhalten oder der Situation zu verändern?» Hinweise dafür sind, daß die andere Person nicht aufhört, Einwände und

Entschuldigungen zu bringen oder Sie anzugreifen. Auch das ist ein Ergebnis, aus dem Sie Konsequenzen ziehen können. Nehmen wir an, der Chef im Architekturbüro aus dem Beispiel auf S. 106 beharrt darauf, daß seine Sekretärin pünktlich um acht Uhr morgens dazusein hat. In diesem Fall wäre die Sekretärin selbst gefordert zu prüfen, welche Möglichkeiten sie unter diesen Umständen hat. Entweder findet sie einen Weg, die morgendliche Situation zu Hause so zu verändern, daß sie nicht unter Streß gerät, oder sie sucht sich einen anderen Arbeitsplatz, oder sie findet sich mit der Situation ab und akzeptiert den morgendlichen Streß.

Wenn es sich um Konfliktsituationen handelt, bei denen noch weitere Instanzen eingeschaltet werden können (ein weiterer Vorgesetzter, Teambesprechung, Betriebsrat, Hausverwaltung bei Nachbarschaftskonflikten oder im Extremfall das Gericht), so wäre das nun der nächste Schritt. Manchmal hilft es auch, das Thema zu einem günstigeren Zeitpunkt, wenn der Konfliktpartner ein offeneres Ohr hat, noch mal anzusprechen. Doch letztlich gilt:

> Sie können eine andere Person durch eine Konfrontation nicht zu einem gewünschten Verhalten zwingen, aber Sie finden schneller als gewöhnlich heraus, was Ihr Gegenüber wirklich bereit ist zu tun, um das Problem zu lösen.

Zwischen Bedürfnis- und Wertkonflikten unterscheiden

Ich möchte jetzt noch eine wichtige Unterscheidung einführen, nämlich die zwischen Bedürfnis- und Wertkonflikten. Sie sparen viel Energie, wenn Sie lernen, diese beiden Konfliktarten auseinanderzuhalten, denn Sie müssen mit Wertkonflikten anders umgehen als mit Bedürfniskonflikten. Das wird verständlich, wenn Sie den wesentlichen Unterschied zwischen diesen beiden Konfliktarten kennen.

⟩⟩⟩⟩ Was ist ein Bedürfniskonflikt?

Sie möchten, daß eine andere Person ein Verhalten verändert, weil es Sie in der Befriedigung eines Bedürfnisses *unmittelbar* beeinträchtigt.

Bei einem Bedürfniskonflikt können Sie die *Auswirkungen*, die das störende Verhalten der anderen Person auf Sie hat, *konkret und anschaulich beschreiben*.

Zwei Beispiele:

1. Ihre Kollegen im gemeinsamen Arbeitsraum rauchen. Sie stört, daß die Luft im Raum rauchig ist und Sie nicht frei atmen können.

2. Sie können einen Film nicht in Ruhe anschauen, weil Ihr Partner mit der Fernbedienung durch das Programm zappt.

Sie haben also bei einem Bedürfniskonflikt keine Schwierigkeiten, die Auswirkungen der Problemsituation auf Sie zu beschreiben, um eine konfrontierende Ich-Aussage zu formulieren und die andere Person mit dem Problem zu konfrontieren. Das könnte sich zum Beispiel so anhören:

Du hast innerhalb von zehn Minuten dreimal das Programm gewechselt. Ich kann mich auf keine Sendung in Ruhe einlassen und bin frustriert.

Bedürfniskonflikte sind greifbarer als Wertkonflikte, da es

immer darum geht, wie Sie verschiedene Bedürfnisse unter einen Hut bringen. Wie ist das nun bei einem Wertkonflikt?

⟩⟩⟩⟩ Was ist ein Wertkonflikt?

Sie möchten, daß eine andere Person ein Verhalten im Sinne Ihrer Wertvorstellungen verändert, obwohl es Sie *nicht unmittelbar* in der Befriedigung eines Bedürfnisses beeinträchtigt.

Nahezu in allen Lebensbereichen haben wir unterschiedliche Wertvorstellungen, doch gerade in bezug auf Religion, Politik, Umweltbewußtsein, Kleidung und Aussehen werden diese besonders deutlich. Das Problem sind nun weniger unsere unterschiedlichen Meinungen darüber, was richtig und falsch ist, was man tun oder besser nicht tun sollte, sondern eher, daß wir andere zu unserer Meinung «bekehren» möchten. Welche fatalen Auswirkungen es haben kann, wenn Menschen sich im Besitz der «absoluten Wahrheit» wähnen und zum Beispiel deshalb Glaubenskriege entfachen, wissen wir alle aus der Geschichte.

Sie sollten also genau unterscheiden: Ein Wert*konflikt* besteht noch nicht, wenn Sie mit jemandem unterschiedlicher Meinung sind und darüber heftig diskutieren. Zu einem Wertkonflikt kommt es erst dann, wenn Sie eine andere Person dazu veranlassen möchten, sich *Ihren* Wertvorstellungen entsprechend zu verhalten. Obwohl Sie selbst nicht von den Wertvorstellungen der anderen Person unmittelbar beeinträchtigt sind (dann wäre es ja ein Bedürfniskonflikt), möchten Sie, daß sie ihr Verhalten verändert.

Ein einfaches Beispiel:

Vater: Du siehst furchtbar aus mit dieser komischen weiten Hose. Willst du so wirklich mit zu den Großeltern kommen?

Sohn: Mir gefällt das. Bei uns in der Klasse tragen das alle so.

Vater: Das soll schön sein!? – Also ich möchte gern, daß du dir was anderes anziehst. So nehm ich dich nicht mit.

Wenn Argumente sich nicht überzeugend anhören

Bei einem echten Wertkonflikt werden Sie immer Schwierigkeiten haben, die *Auswirkungen* des störenden Verhaltens *auf Sie* überzeugend zu beschreiben. Manche Menschen versuchen es trotzdem, doch die Argumente hören sich wie an den Haaren herbeigezogen an. Einen Wertkonflikt können Sie deshalb sofort daran erkennen, daß Sie Mühe haben, eine einwandfreie konfrontierende Ich-Aussage zu formulieren, bei der ja die Beschreibung der Auswirkungen eines störenden Verhaltens auf Sie einen wichtigen Teil darstellt.

Beispiel: Das Chaos im Zimmer des Sohnes

Wie würden Sie versuchen zu beschreiben, weshalb Sie das Chaos im Zimmer Ihres halbwüchsigen Sohnes stört? Eine clevere Seminarteilnehmerin sagte sofort: «Ja, in dem Durcheinander findet man ja gar nichts mehr!» – Ich frage zurück: «Was möchten Sie denn da finden?» – Sie: «Wenn ich waschen will, muß ich die Wäsche erst in seinem Zimmer zusammensuchen.»

Das ist ein schönes Beispiel dafür, daß Konflikte oft aus einem ziemlichen Kuddelmuddel entstehen, das manchmal nicht leicht zu sortieren ist. Insbesondere in der Rolle der allzeit verfügbaren Hausfrau sind Frauen sehr gefährdet, eine überfürsorgliche Haltung einzunehmen. Sie kümmern sich dann um Dinge, bei denen sie besser beraten wären, sie – um bei unserem Beispiel zu bleiben – ihren Kindern zu überlassen. Denn wer hat hier eigentlich das Problem?

Um es kurz zu machen: Um solchen und ähnlichen Konfliktthemen vorzubeugen, schlage ich allen gestreßten Müttern und Vätern vor, ein paar Regeln fürs Miteinanderleben einzuführen. Eine könnte sein: Nur Wäsche, die zum Wäschekorb gebracht wird, wird gewaschen. – Damit ersparen Sie sich, unter dem Bett Ihres pubertierenden Sohnes nach schmutziger Wäsche fahnden zu müssen, und können die Tür hinter seinem Chaos einfach zumachen. Sie sparen sich eine Menge Energie, wenn Sie ihm seine Privatsphäre lassen, solange aus seinem Zimmer nicht lästiger Geruch dringt oder merkwürdiges Getier kriecht.

Ich sagte es ja bereits: Unterschiedliche Wertvorstellungen zu haben bedeutet nicht zwingend, einen Konflikt miteinander zu haben. Wenn Sie bereit sind, das Zimmer Ihres Nachwuchses als Privatsphäre zu respektieren, und es ihm überlassen, ob und wann er darin Ordnung schafft, haben Sie keinen Konflikt. Fordern Sie ihn dagegen immer wieder auf, doch endlich einmal «den Saustall aufzuräumen», haben Sie einen Wertkonflikt. Zu den Lösungsmöglichkeiten – vom Ratschlag oben mal abgesehen – komme ich gleich. Vorher noch ein von Seminarteilnehmerinnen ebenfalls häufig vorgebrachtes Konfliktthema.

Beispiel: Die Tochter beginnt mit dem Rauchen

Das Thema Rauchen eignet sich ganz besonders gut, um die Notwendigkeit der Trennung von Bedürfnis- und Wertkonflikten zu verdeutlichen.

Natürlich fällt es leicht zu begründen, weshalb Sie als Nichtraucherin der Rauch in einem gemeinsam benutzten Raum stört. Nehmen wir dagegen an, Sie möchten Ihre Tochter davon abbringen, abends in der Kneipe mit ihren Freunden zu rauchen, wie begründen Sie das? Persönlich sind Sie schließlich nicht beeinträchtigt. Sie könnten sagen: «Mir gefällt nicht, daß du rauchst. Rauchen ist äußerst ungesund, und man wird davon abhängig. Du wirst große Schwierigkeiten haben, wieder damit aufzuhören. Deshalb mache ich mir Sorgen.»

Das sind Argumente, die zwar Ihre Sorge für Ihre Tochter ausdrücken, die von ihr aber als Bevormundung aufgefaßt werden können. Sie sprechen hier nicht über eine eigene Beeinträchtigung, sondern möchten Ihre Tochter zu einer Veränderung ihres Verhaltens bewegen, weil das Ihrer Meinung nach richtig und gut für sie ist. Sie sind in Gefahr zu argumentieren: «Weil ich mir Sorgen um dich mache, mußt du dich verändern.» Viele Menschen, und wahrscheinlich auch Ihre Tochter, werden das als Einmischung in ihre persönlichen Angelegenheiten empfinden und abwehrend reagieren. Würde Ihre Tochter dagegen anfangen, jetzt auch zu Hause im Wohnzimmer zu rauchen, könnten Sie diesen Teil ihres Verhaltens konfrontieren, da Sie ja dann direkt beeinträchtigt wären.

Übung: Bedürfnis- oder Wertkonflikt?

Hier nun eine kleine Übungsaufgabe. Welche der folgenden Konfliktbeispiele sind Wert- und welche Bedürfniskonflikte? Die Auflösung finden Sie in den Anmerkungen.[10]

1. Sie möchten gern öfter gemeinsam mit Ihrer Tochter joggen gehen. Doch die möchte lieber mit Ihnen zusammen fernsehen.

2. Ihr 17jähriger Sohn sitzt häufig vor dem Computer. Sie fürchten, daß er vereinsamt und möchten, daß er mehr unter Menschen geht.

3. Ihre Partnerin möchte gern möglichst viel mit Ihnen gemeinsam machen. Sie möchten dagegen gern auch mal allein mit Freunden auf eine Skihütte gehen.

4. Eine Ihrer Mitarbeiterinnen, die viel mit Kunden zu tun hat, trägt gern Leggings und weite T-Shirts. Sie finden ihre Kleidung für ihr Aufgabengebiet unpassend.

5. Ihr Nachbar läßt sein Auto oft länger vor seinem Haus warmlaufen. Sie werden zwar nicht direkt von den Abgasen belästigt, aber Sie finden sein Verhalten umweltschädigend und möchten, daß er damit aufhört.

>>>> Bedürfnis- und Wertkonflikte – scheinbar manchmal eng verzahnt

Bedürfnis- und Wertkonflikte können uns das Leben gleichermaßen schwermachen, denn beide bieten Stoff für heftige Auseinandersetzungen. Doch manchmal scheint es schwierig, Bedürfnis- und Wertkonflikte auseinanderzuhalten. Hinter jedem Bedürfniskonflikt lugen mehr oder weniger deutlich unsere Wertvorstellungen hervor, denn welche Bedürfnisse wir haben, hat viel mit unseren Wertvorstellungen zu tun.

Beispiel: Ihr Chef möchte, daß Sie abends länger bleiben

An folgendem Beispiel wird dies besonders deutlich. Ihr Chef möchte vielleicht gern in den Abendstunden, wenn Sie beide ungestört sind, mit Ihnen noch Projekte besprechen. Wenn in Ihren Wertvorstellungen Arbeit und Karriere an erster Stelle stehen, werden Sie mit seinem Wunsch keine Probleme haben. Wenn in Ihren Wertvorstellungen jedoch Ihre Kinder vor Ihrer Karriere kommen, werden Sie ihm vielleicht sagen, daß Sie gehen möchten, und er wird enttäuscht sein. Sie sind dann herausgefordert, Ihrem Chef Ihr Bedürfnis zu vermitteln, frühzeitig zu Hause zu sein, um Zeit für Ihre Kinder zu haben. Wenn Sie anschaulich darlegen können, weshalb es Sie nach Hause zieht und was die Folge für Sie ist, wenn Sie länger im Büro bleiben, handelt es sich um einen Bedürfniskonflikt.

Sobald Sie also erkennen können, daß es sich zumindest bei einem Aspekt eines Streitthemas um einen Bedürfniskonflikt handelt, können Sie nach den Regeln des Konfrontationsgesprächs an die Bearbeitung des Konflikts gehen

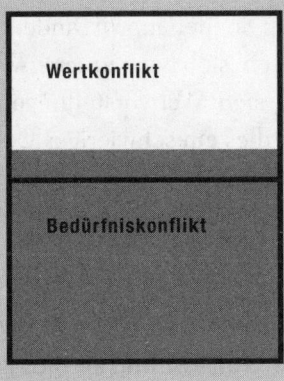

Wertkonflikt

Bedürfniskonflikt

Konflikte, die im schattierten Bereich liegen, können Sie mit einem Konfrontationsgespräch angehen.

Noch ein zweites Beispiel: Sie möchten, daß Ihr Mann das Auto öfter stehenläßt, weil er mit der Benutzung Ihres gemeinsamen Umwelttickets nicht nur die Umwelt schonen würde (Wertkonflikt), sondern auch Geld sparen könnte, das Ihnen beiden zugute käme. Dieser Aspekt wäre ein Bedürfniskonflikt, und Sie könnten ihn mit Ihrem Bedürfnis, Geld zu sparen, konfrontieren.

Ein Teil der Wertkonflikte kann also wie ein Bedürfniskonflikt behandelt werden, wenn Sie folgende Frage mit «Ja» beantworten können:

Werde ich durch das Verhalten der anderen Person in der Befriedigung meiner Bedürfnisse beeinträchtigt?

Ob ein Problem ein Bedürfnis- oder ein Wertkonflikt ist, hängt davon ab, aus welchen Gründen Sie mit dem Verhalten der anderen Person unzufrieden sind.

Wie Sie Wertkonflikte angehen können

Sie wissen nun, wann Sie einen Wertkonflikt wie einen Bedürfniskonflikt behandeln können. Doch wie lassen sich echte Wertkonflikte angehen, in denen wir andere Menschen dazu veranlassen möchten, sich nach *unseren* Wertvorstellungen zu verhalten? Da sich Wertvorstellungen nicht direkt beeinflussen lassen, ist dies ein schwieriges Unterfangen. Trotzdem haben wir manchmal den starken Wunsch, Einfluß zu nehmen, oft aus der Überzeugung, damit zum Wohl der anderen Person zu handeln.

〉〉〉〉 Sechs Möglichkeiten, mit Wertkonflikten umzugehen

Zur besseren Übersicht möchte ich Ihnen hier schon mal die sechs Möglichkeiten vorstellen, die ich im folgenden einzeln besprechen werde:[1]

> Mit den Unterschieden leben lernen
> Die eigene Wertvorstellung verändern
> Einen wechselseitigen Dialog führen
> Konfrontieren, wenn auch ein Bedürfniskonflikt besteht
> Kompetent beraten
> Die Beziehung verändern

〉 *Mit den Unterschieden leben lernen*

Diese Herangehensweise an einen Wertkonflikt erfordert von Ihnen am meisten Toleranz, denn «mit den Unterschieden leben lernen» heißt Verständnis füreinander entwickeln und jemanden so akzeptieren, wie er ist, trotz seiner anderen Wertvorstellungen. Gerade bei Fragen der Religion, Kleidung, Ernährung und des äußeren Lebensstils ist oft unsere Toleranz gefordert. Schließlich ist die Freundschaft mit einem anderen Menschen wichtiger, als jeden Wertkonflikt auszufechten.

Beispiel: Jugendmode

Die 15jährige Ilona schneidet Löcher in ihre neue Jeans, weil man das jetzt so trägt in ihrer Klasse. Ihre Mutter ist entsetzt. Ilonas Mutter könnte es helfen, den Konflikt mit ihrer Tochten zu lösen, wenn sie sich einmal mit den Müttern von Ilonas Freundinnen unterhielte unter dem Motto: Geteiltes Leid ist halbes Leid. Vielleicht käme sie dann zu dem Schluß: «Es fällt mir zwar wirklich schwer zu verstehen, was an einer durchlöcherten Jeans schön sein soll, aber ich werde das Thema nicht mehr anschneiden.»

Mit dieser Bereitschaft, ein Konfliktthema ad acta zu legen und nicht mehr darüber zu reden, selbst wenn Sie nach wie vor eine andere Meinung dazu haben, drücken Sie aus: «Ich erkenne an, daß wir in diesem Punkt unterschiedliche Wertvorstellungen haben, und lasse das Streitthema los. Ich empfinde keinen Groll gegen dich, auch wenn ich nach wie vor zu diesem Punkt eine andere Meinung habe.»

Letztlich sind wir oft gezwungen, unterschiedliche Sichtweisen und Lebensstile zu akzeptieren. Doch diese Konfliktlösung ist nur dann stimmig, wenn das Streitthema nicht weiter bedeutsam für Sie ist und Sie es wirklich loslassen können. Anderenfalls müssen Sie einen anderen Weg finden. Was für Möglichkeiten haben Sie also noch? Sehen wir weiter.

› *Die eigene Wertvorstellung verändern*

Diese Herangehensweise erfordert von Ihnen sehr viel Offenheit: Sie sind jetzt gefordert, bestimmte Wertvorstellungen einmal genauer unter die Lupe zu nehmen und gegebenenfalls zu verändern.

Beispiel: Perfektionismus

Helmut und Peter arbeiten an einem gemeinsamen Projekt. Peter ist sehr genau und sorgfältig, in Helmuts Augen sogar überpenibel. Helmut stichelte deshalb öfter, weil er fand, Peters Perfektionismus kostete bloß viel Zeit. Im Lauf ihrer gemeinsamen Zusammenarbeit hat Helmut aber erfahren müssen, daß Peters Herangehensweise von Vorteil für ihr Projekt ist und seine eigene Schludrigkeit eher hinderlich, weil dadurch immer wieder Fehler passieren, die Zeit kosten. Helmuts anfängliche Wertvorstellung, Dinge «locker und easy» tun zu wollen, hat sich also im Lauf der Zusammenarbeit mit Peter gewandelt, hin zu ernsthafter bei der Sache sein.

Wenn Sie in einem Wertkonflikt Ihre eigene Wertvorstellung verändern, bedeutet dies meist einen großen Lernschritt: Sie haben eine Einstellung überdacht und neue Informationen oder Erfahrungen verarbeitet, also flexibel und offen reagiert. Im Gegensatz zu der Devise, mit den Unterschieden leben zu lernen, haben Sie wirklich Ihre innere Haltung zu einem Streitthema verändert.

Für das Beispiel mit den löchrigen Jeans würde das bedeuten: Ilonas Mutter erkennt in dem, was Ilona durch diese Jeansmode ausdrücken möchte, etwas sehr Positives – vielleicht ist es ja eine Form von Unbekümmertheit und Frechheit, die Ilonas Mutter nie zu leben wagte.

› *Einen wechselseitigen Dialog mit einfühlendem Zuhören führen*

Wenn unterschiedliche Wertvorstellungen aufeinandertreffen, hilft oft auch ein wechselseitiger Dialog, bei dem Sie sich gegenseitig darauf einigen, eine bestimmte Struktur einzuhalten. Sie ist ähnlich der für ein partnerschaftliches Klärungsgespräch. Hierfür brauchen Sie beide die Fähigkeit, einfühlend zuzuhören und in Ich-Aussagen zu sprechen. Sie kennen das ja schon aus den Kapiteln zuvor. Sollte Ihr Gegenüber damit überfordert sein, so können Sie einen solchen Dialog auch einseitig führen, indem nur Sie sich bemühen, einfühlend zuzuhören. Das Gespräch wird dann aber womöglich nicht ganz so erfolgreich verlaufen.

Für einen solchen Dialog brauchen Sie beide eine gewisse Disziplin, die gewöhnlich nur Menschen aufbringen, die nicht allzu sehr verwickelt sind, also nicht ganz dringend wollen, daß die andere Person ihr Verhalten ändert. Ein weiteres Hindernis ist: Je stärker jeder von Ihnen von der Richtigkeit der eigenen Wertvorstellungen überzeugt ist, desto weniger werden Sie sich in den anderen einfühlen können. Vielleicht sind Sie dann sogar versucht, die Bedürfnisse und Wertvorstellungen des anderen abzuwerten. Durch einfühlendes Zuhören geben Sie dagegen der anderen Person Raum, ihre Bedürfnisse und Wertvorstellungen auszudrücken. Sie helfen ihr dabei, sie zu reflektieren und womöglich ihre Einstellung zu verändern. Das erfordert von Ihnen beiden eine hohe kommunikative Kompetenz, denn Sie sind gefordert, jemandem zuzuhören, der Wertvorstellungen und Bedürfnisse vertritt, die von Ihren eigenen abweichen.

In dem Dialog, den ich unten wiedergebe, haben sich beide darauf eingelassen, sich gegenseitig zuzuhören und in Ich-Aussagen zu sprechen. Es handelt sich also um eine Übungssituation, da ohne Absprache Menschen in Konfliktsituationen nicht so diszipliniert miteinander reden. Die Vorgabe für das Gespräch ist:

Immer zuerst einfühlend zuhören (EZ) – dann eigene Ich-Aussage machen.

Beispiel: Badeleidenschaft

Anna liebt es, mindestens jeden zweiten Tag mit einem Vollbad vom Streß ihrer Arbeit abzuschalten. Ihr Mann Georg ist in einer Umweltinitiative zum Thema Klimaschutz engagiert und hat ihr schon öfter die unnötige Wasser- und Energieverschwendung vorgehalten. Ihn stört Annas Badeleidenschaft aus ökologischen Gründen und nicht wegen der erhöhten Energiekosten, denn sie verdienen beide gut. Georg ist also mit Annas Verhalten unzufrieden; da er von ihrem Verhalten aber nicht unmittelbar persönlich beeinträchtigt wird, ist das ein Wertkonflikt. Die beiden haben sich darauf geeinigt, die obengenannten Regeln in ihrem Gespräch einzuhalten.

Georg: Ich habe ein Problem damit, wenn du jeden zweiten Tag ein Vollbad nimmst, weil ich daran denke, wieviel mehr Energie und Wasser damit verbraucht wird als mit Duschen.

Anna: Dir fällt es schwer, diese Verschwendung zu akzeptieren. (EZ) – Für mich ist das wirklich das Schönste: Nach all dem Streß einfach in die Wanne steigen! Ich freue mich da immer richtig drauf. Es würde mir wirklich schwerfallen, darauf zu verzichten.

Er: Dir bedeutet es sehr viel, auf diese Weise entspannen zu können. (EZ) (Anna nickt.) – Ich habe gehört, für ein Vollbad wird durchschnittlich fünfmal soviel Wasser und Energie verbraucht wie fürs Duschen. Ich finde, jeder sollte wenigstens einen kleinen Beitrag leisten, um etwas zum Klimaschutz beizutragen.

Sie: Dir geht's also in erster Linie darum, daß ich damit der Umwelt schade. (EZ) – Andere Leute machen da ganz andere Sachen. Ich fahre zum Beispiel dafür kaum Auto, sondern nehme das Rad oder die U-Bahn. Diese kleine Sünde will ich mir einfach gönnen.

Er: Du findest das nicht so schlimm und möchtest das ungern aufgeben. (EZ) – Mhm, du weißt ja, daß ich in einer Arbeitsgruppe zum Klimaschutz mitarbeite. Wir haben da eine ganze Liste von Maßnahmen ausgearbeitet, die jeder einzelne für sich umsetzen kann, beispielsweise statt Baden eher Duschen. Wenn ich dann feststelle, daß ich das nicht einmal meiner Frau plausibel machen kann, kommt mir unsere Arbeit ganz schön absurd vor.

Sie: Du bist frustriert, wenn du nicht einmal mich überzeugen kannst. (EZ) – Mich würde es wirklich hart treffen, auf diese kleine Freude in meinem Leben verzichten zu müssen.

Er: Es geht mir gar nicht darum, daß du völlig darauf verzichtest, aber vielleicht etwas reduzierst.

Sie: Heißt das, für dich wäre es schon ein Erfolg, wenn ich statt alle zwei Tage nur noch alle drei Tage bade? (Da sie hier versucht, seine Aussage zu präzisieren, können Sie diese Frage als EZ ansehen.)

Er: Ja, durchaus. Vier Tage fände ich zwar noch besser. Wie wär's zum Beispiel, wenn wir zum Entspannen öfter mal am Abend einen Spaziergang machen oder joggen gehen?

Sie: Hmh, ja. Das ist gar keine schlechte Idee.

Wie Sie an diesem Beispiel noch einmal sehen konnten, lassen sich Bedürfnisse und Wertvorstellungen nicht ganz eindeutig trennen. Anna vertritt ihr Bedürfnis, sich mit einem Bad zu entspannen. Dahinter steht Ihre unausgesprochene Wertvorstellung: Mein eigenes Wohlergehen ist mir zunächst einmal wichtiger als abstrakte Werte wie Klimaschutz. Georg führt zuerst eine Wertvorstellung als Argument an: Klimaschutz ist mir sehr wichtig. Dahinter wird aber auch ein Bedürfnis von ihm sichtbar, das er später nennt: Mein Engagement soll mir Sinn machen. Meist fühlen sich Menschen von Bedürfnissen anderer mehr angesprochen als von Wertvorstellungen, weil diese abstrakter sind. Und am meisten Einflußmöglichkeiten haben Sie, wenn Sie anführen können, wo Sie in der Befriedigung eines Bedürfnisses konkret beeinträchtigt werden. Damit sind wir schon bei der nächsten Möglichkeit zur Bearbeitung von Wertkonflikten:

› *Konfrontieren, wenn auch ein Bedürfniskonflikt besteht*

Wie ich bereits weiter oben ausgeführt habe, kann in einem Wertkonflikt auch ein Bedürfniskonflikt stecken. Das heißt, Sie und ein anderer haben nicht nur unterschiedliche Wertvorstellungen zu einem Thema, sondern es gibt auch einen Aspekt, wo Sie sich konkret beeinträchtigt fühlen. Damit solche Konflikte nicht in undifferenzierte Beschuldigungen ausarten, weil Sie Wertvorstellungen und Bedürfnisse vermischen, kann es hilfreich sein, zu unterscheiden zwischen dem Teil, der ein Wertkonflikt, und dem Teil, der ein Bedürfniskonflikt ist.

Beispiel: Mittagspausenregelung

Zwei Kolleginnen, Frau Ernst und Frau Lustig, arbeiten im selben Raum, aber mit getrennten Arbeitsbereichen. Die beiden sind recht unterschiedlich: Frau Ernst ist sehr pflichtbewußt, Frau Lustig läßt gern mal fünfe gerade sein. Beispielsweise nimmt Frau Ernst es mit der Arbeitszeit sehr genau und geht immer zur gleichen Zeit zum Essen und kommt zur gleichen Zeit zurück. Frau Lustig sieht das lockerer. Sie geht zu unterschiedlichen Zeiten in die Pause und bleibt unterschiedlich lang weg. Frau Ernst stört sich daran und begründet es damit, daß sie Anrufern (Sie muß das Telefon mitbetreuen) keine exakten Auskünfte geben könne, wann Frau Lustig wieder da ist.

Wenn Frau Ernst sich an Frau Lustigs Verhalten stört, ohne konkret beeinträchtigt zu sein, wäre diese Auseinandersetzung ein klarer Wertkonflikt. Doch wenn Frau Ernst ein Problem damit hat, keine klaren Auskünfte geben zu können, und sich gestört fühlt, weil sie immer wieder durch Anrufe für Frau Lustig in ihrer Arbeit unterbrochen wird, wäre das ein Aspekt, bei dem sie tatsächlich einen Bedürfniskonflikt hat. In einem Konfrontationsgespräch sollte sie sich dann aber ausschließlich auf diesen Aspekt beschränken. Nehmen wir mal an, Frau Ernst weiß, wie man das macht. Das könnte sich dann so anhören:

Frau E.: *Wenn Sie mittags zu Tisch sind und ich zurückkomme, rufen oft Leute für Sie an und möchten wissen, wann sie wieder da sind. Gestern wollte Sie Herr Kunz zum Beispiel ganz dringend sprechen, und ich konnte keine klare Auskunft geben. Das stört mich.* (**Konfrontierende Ich-Aussage**)

Frau L.: *Ach, da denken Sie sich mal nichts dabei. Der wird schon wieder anrufen, wenn's ihm wichtig ist.*

Frau E.: *Ihnen macht das also nichts aus, wenn er Sie nicht gleich erreicht.* (**Einfühlendes Zuhören**) *– Ich habe ein Problem damit, wenn Leute mehrmals anrufen und ich sie immer wieder vertrösten muß.* (**Ich-Aussage**)

Frau L.: *Ja, manche haben anscheinend nichts Besseres zu tun, als andere Leute zu kontrollieren. Sagen Sie doch, daß ich zurückrufe.*

Frau E.: *Das habe ich getan, aber manchmal sind die Leute so ungeduldig und rufen nach einer halben Stunde wieder an.*

Frau L.: *Ich kann das wirklich nicht immer so genau sagen, wann ich zurück bin, weil ich manchmal noch etwas zu erledigen habe.*

Frau E.: *Sie wissen noch keine Lösung für das Problem.* (**Einfühlendes Zuhören**. Ein solcher Satz paßt immer, wenn Sie merken, daß Ihr Gegenüber das Problem noch abwehrt.) *– Mir ist es wirklich lästig, so oft an Ihr Telefon gehen zu müssen.* (**Ich-Aussage**)

Frau L.: *Ich werde dafür sorgen, daß ich einen Anrufbeantworter bekomme. Dann brauchen Sie sich nicht mehr um mein Telefon zu kümmern.*

Auf der Bedürfnis- und Sachebene konnte Frau Ernst ihre Störung ansprechen und für eine Lösung sorgen. Auf der Beziehungsebene werden Frau Ernst und Frau Lustig aufgrund ihrer Wesensunterschiede vielleicht immer etwas auf Distanz zueinander bleiben, sie brauchen die Bereitschaft, sich zu tolerieren, also «mit den Unterschieden leben zu lernen».

> ### Kompetent beraten

Der Versuch, auf Wertvorstellungen anderer einzuwirken, wird von uns allen gern praktiziert, allerdings häufig nicht unter Einhaltung der Regeln, die Thomas Gordon in der «Familienkonferenz» vorschlägt. Gerade Eltern neigen dazu, Einfluß auf die Wertvorstellungen ihrer Kinder oft auf dem Weg der Beratung zu nehmen, jedoch ohne sich an die Bedingungen zu halten, die den Erfolg sichern. Statt kompetent zu beraten, ist ihr Vorgehen oft sehr penetrant. Deshalb möchte ich die Regeln für kompetente Beratung anhand eines Beispiels ausführlich erläutern.

Beispiel: Jugendliche Raser

Frau Hartl lebt auf dem Land. Ihr 18jähriger Sohn hat gerade den Führerschein gemacht und sich ein Auto gekauft, das er dringend für seinen Weg zum Arbeitsplatz braucht. Am Wochenende benutzt er es, um mit Freunden zusammen eine 15 Kilometer entfernte Disco zu besuchen. Frau Hartl macht sich Sorgen, weil sie schon öfter von schweren Autounfällen angetrunkener Jugendlicher nach Discobesuchen gelesen hat. Und sie weiß auch, daß ihr Sohn dazu neigt, bei seinen Discobesuchen ein paar Bier zu trinken, und beim Autofahren gern mal auf die Tube drückt. Sie möchte deswegen mit ihm über ihre Sorge sprechen. Sie sollte bei ihren Versuchen, auf ihren Sohn Einfluß zu nehmen, folgende Punkte beachten:

› «Haben Sie einen Auftrag»?

Mit «Auftrag» im übertragenen Sinn ist gemeint: Vergewissern Sie sich, daß jemand Ihre Beratung überhaupt will. Wenn Sie direkt um Rat gefragt werden, ist der Fall klar. Viel häufiger dürfte aber der Fall vorkommen, daß wir ungefragt unsere Mitmenschen «beraten», uns also eine Rolle anmaßen, ohne einen Auftrag oder eine Erlaubnis dafür bekommen zu haben. Sie können es daran merken, daß Ihre Ratschläge mit Bemerkungen wie «Fang bloß nicht wieder mit dieser alten Leier an!» oder «Laß mich endlich in Frieden!» abgewiesen werden.

Frau Hartls erster Schritt sollte also sein, ihren Sohn zu fragen, ob er bereit ist für ein Gespräch über diesen Punkt, der ihr Sorgen macht. Nun kommt es darauf an, welche Vorerfahrungen der Sohn mit seiner Mutter bisher gemacht hat: Womöglich bekommt Frau Hartl ein striktes «Nein» zu hören – und zwar dann, wenn sie schon des öfteren *ungefragt*, also ohne Auftrag, ihren Sohn über alles mögliche belehrt hat. Größere Chancen hätte Frau Hartl, wenn ihr Sohn sie bisher als fürsorgliche Mutter kennengelernt hat, die jedoch seinen Willen und seine Bedürfnisse respektiert. Dann könnte es sein, daß er neugierig ist, was sie zu diesem Thema auf dem Herzen hat, und «Ja» sagt.

› Geben Sie Sachliche Informationen

Jetzt ist Frau Hartl gefordert, ihrem Sohn nicht mit Ermahnungen und Vorhaltungen zu kommen, sondern ihm vielleicht konkrete Informationen zu geben und nützliche Fakten zu nennen: Vielleicht hat sie etwas gelesen über die Wirkung von Alkohol auf das Fahrvermögen, oder sie hat einen Zeitungsartikel gefunden, den sie ihrem Sohn weitergibt.

Beraten heißt, daß Sie eine ähnliche Rolle einnehmen wie professionelle Beraterinnen, die ihr Fachwissen zur Verfügung stellen, aber nicht drängeln und darauf beharren, daß die andere Person Ihre Ratschläge aufnimmt. Das scheint schwierig zu sein, wenn wir persönlich sehr daran interessiert sind, daß die Person, die wir beraten, ihr Verhalten ändert. Wenn Sie Eltern eines Jugendlichen sind, möchten Sie natürlich auf sein Fahrverhalten und seinen Alkoholkonsum Einfluß nehmen. Doch mit Vorhaltungen werden Sie nichts erreichen, wie also dann?

› *Zeigen Sie Akzeptanz und kommunikative Kompetenz*

Die größte Herausforderung wird für Frau Hartl sein, wie sie mit den Einwänden umgeht, die von ihrem Sohn kommen. Wenn sie die Regeln aus diesem Buch befolgt, würde sich ein Gespräch vielleicht so anhören:

Frau Hartl: *Ich mache mir Sorgen, wenn du nachts mit deinem Auto in die Disco fährst und dabei noch deine Freunde mitnimmst. Ich weiß ja, daß du bisher immer ein paar Bier getrunken hast, manchmal sogar mehr, als dir guttat. Ich bin mir nicht sicher, ob du jetzt, wo du ein Auto hast, dich da wirklich umstellst und weniger trinkst. Gerade auf der Heimfahrt von der Disco passieren so viele schwere Unfälle.*

Sohn: *Ach, du machst dir immer so viele Gedanken, Mutter. Ich weiß, wie ich zu fahren habe.*

Sie: *Du bist dir sicher, daß du immer noch sicher fahren kannst. (EZ) – Ich habe gehört, daß man schon mit ganz geringen Mengen Alkohol im Blut den Straßenverkehr oft nicht mehr richtig einzuschätzen weiß. Und dann kommt ja noch dazu, daß deine Freunde mitfahren und du dann vielleicht schneller fährst, um es ihnen zu zeigen.*

Er: *Aber ich bin kein kleiner Junge mehr. Willst du mich festbinden? Soll ich dir zuliebe zu Hause bleiben, damit du ruhig schläfst, oder was willst du von mir?*

ie: Du empfindest das als Bevormundung, daß ich dieses
hema anschneide. (EZ) – Ich möchte wenigstens einmal in
uhe mit dir darüber reden. Mich würde es sehr beruhigen,
*enn ich wüßte, daß du dir deiner Verantwortung als Autofahrer
ewußt bist und dich auch mit dem, was du am Abend trinkst,
arauf einstellst.*

r: Wie stellst du dir das vor? Soll ich jetzt nichts mehr trinken?
*Meine Freunde werden sich eins grinsen. Die nehmen mich ja
icht mehr ernst.*

ie: Du fürchtest, du könntest bei ihnen als Weichling dastehen.
EZ) (Ihr Sohn nickt.) – Ich fände es schrecklich, wenn du wegen
ines nächtlichen Leichtsinns in den Graben fahren würdest.

r: Also zwei Bier über den ganzen Abend sind mir einfach zu
enig.

ie: Es gibt ja auch Alternativen zum Bier: Radler, Alkoholfreies.
*Vahrscheinlich würde es niemandem auffallen, wenn du ab
em zweiten was anderes bestellst. Außerdem kannst du ihnen
agen, daß du das für sie tust, damit sie sicher nach Hause kom-
en.*

r (lacht): Okay! Du hast mich überzeugt. Mutter, du hast einen
chlauen Kopf.

Hier kam es mir darauf an, zu zeigen, wie Sie auch in einem
solchen Gespräch zwischen einfühlendem Zuhören und Ich-
Aussagen hin- und herschalten können. Abweichend von
einem Konfrontationsgespräch werden Sie hier statt der Beschreibung der Störung eher Sachargumente und Ihre Gefühle vorbringen.

Doch auch in Wertkonflikten gilt: Erst auf der Basis der Akzeptanz der anderen Person, ausgedrückt durch einfühlendes
Zuhören, kann eine fruchtbare Auseinandersetzung stattfin-
den.

> **Statt penetrant zu Drängen der anderen Person
> die Verantwortung für ihre Entscheidung überlassen**

Kompetente Beraterinnen bedrängen nicht und fangen nicht immer wieder mit demselben Thema an. Thomas Gordon mahnt in seinem Buch «Familienkonferenz»: erfolgreiche Beraterinnen lassen teilhaben, statt zu predigen, sie bieten ihr Wissen und ihre Erfahrung an, ohne es jedoch aufzudrängen, und sie tun das nicht mehr als *einmal*.

Wenn Sie statt dessen immer wieder mit demselben Thema anfangen, riskieren Sie, als Beraterin «gefeuert» zu werden. Diese Erfahrung haben wahrscheinlich schon manche Eltern machen müssen. Die andere Person soll selbst entscheiden dürfen, was sie von der Beratung annehmen will, und sie trägt auch die Verantwortung für die Umsetzung und ihre eigene Veränderung.

So sollte auch Frau Hartl ihren Sohn nach dem Gespräch oben zukünftig mit diesem Thema möglichst in Ruhe lassen. Denn meist sind unsere Möglichkeiten, auf dem Weg der verbalen Auseinandersetzung auf das Verhalten anderer Menschen einzuwirken, einfach begrenzt. Jeder weitere Versuch der Einflußnahme wird dann nur noch als Belästigung abgewehrt.

Noch ein kleiner Trost für Eltern, die sich vielleicht schon des öfteren vergeblich bemüht haben, auf die Wertvorstellungen ihres Nachwuchses Einfluß zu nehmen: Die amerikanische Soziologin Judith Rich Harris hat nach umfangreichen Recherchen herausgefunden, daß der Einfluß Gleichaltriger auf die Entwicklung von Kindern wesentlich maßgeblicher zu sein scheint als der der Eltern. Das heißt, trotz all Ihrer Bemühungen sitzen die Freunde und Freundinnen Ihrer Kinder einfach am längeren Hebel, wenn's darum geht, was man jetzt so tut, was in und was out ist. Doch das heißt nicht, daß Sie nicht trotzdem all Ihre Einflußmöglichkeiten ausschöpfen sollten. Die oben genannten Punkte sollen Ihnen dabei hel-fen.

Diese Kriterien lassen sich auch auf Auseinandersetzungen übertragen, die durch Wertkonflikte im Arbeitsalltag entstehen. Interessanterweise werden in meinen Seminaren jedoch viel häufiger Wertkonflikte aus der Beziehung zwischen Eltern und Kindern genannt.

› Die Beziehung verändern

Eine letzte Möglichkeit, mit Wertkonflikten umzugehen, ist schließlich immer noch die, eine größere räumliche oder zeitliche Distanz herzustellen. Sie können sich zum Beispiel weniger häufig treffen, wenn Sie sich zu oft mit einer Freundin oder einem Freund in anstrengende Wertdiskussionen verstricken. Oder Sie ziehen von zu Hause aus und nehmen sich eine eigene Wohnung, wenn Ihre Wertvorstellungen von denen Ihrer Eltern zu sehr abweichen. – Die radikalste und doch manchmal klügste Lösung ist, sich zu trennen und eigene Wege zu gehen. Diese Lösung ist dann sinnvoll, wenn Sie erkennen, daß die Wertvorstellungen in einer Partnerschaft immer mehr auseinandergehen: Ihr Partner neigt vielleicht immer mehr dazu, abends die Füße hochzulegen und den Fernseher einzuschalten, während Sie beruflich ehrgeizig sind oder sich mehr persönlichen Austausch wünschen. Sie kommen vielleicht zu der Einsicht, daß sowohl Ihre Wertvorstellungen nicht mehr zusammenpassen, als auch Ihre Bedürfnisse immer weniger befriedigt werden. Wenn Sie genug Selbstbewußtsein besitzen, werden Sie vielleicht zu dem Schluß kommen, daß Trennung die beste Lösung ist.

Im ersten Teil des Buches haben Sie das Know-how kennengelernt, um in Konfliktsituationen fair und selbstbewußt miteinander reden zu können. Im zweiten Teil soll es darum gehen, wie Sie verbreitete destruktive Kommunikationsmuster bei sich selbst und anderen erkennen und was Sie tun können, um die Entfaltung einer destruktiven Dynamik zu verhindern.

Dafür möchte ich Ihnen ein einfaches Konzept vorstellen, das ich selbst als überaus hilfreich erlebt habe. In diesem Modell aus der Transaktionsanalyse werden drei Lebenshaltungen beschrieben, die viele Menschen in Streßsituationen und manche sogar ständig einnehmen:

› Da ist zum einen die *Opfer*-Haltung, in der jemand sich hilflos und unfähig fühlt und andere auf indirektem Weg zu aktivieren versucht.

› Daneben gibt es die *Retter*-Haltung, in der jemand immer im Einsatz und für andere da ist und die eigenen Bedürfnisse dabei übergeht.

› In der dritten Position, der *Verfolger*-Haltung, beschuldigt jemand bevorzugt andere, kritisiert sie und setzt sie herab.

Diese Haltungen werden auch *Abwertungsmuster* genannt, weil das Einnehmen einer der drei Haltungen immer damit verbunden ist, daß wir eine Fähigkeit von uns selbst oder einer anderen Person nicht wahrnehmen oder verleugnen. Die verschiedenen Haltungen werde ich ab S. 143 ausführlich beschreiben.

Manchmal werden diese Haltungen auch als *Rollen* bezeichnet, weil Menschen wie Schauspieler in einem Drama in die Rolle des Opfers, Retters oder Verfolgers schlüpfen. Nimmt eine Person beispielsweise die Rolle des unfähigen

Opfers ein, findet sich häufig jemand, der diesem Opfer in der Retter-Rolle zur Hilfe eilt oder aus der Verfolger-Rolle heraus Vorhaltungen macht. Diese Rollen können im Verlauf eines Konflikts mehrfach gewechselt werden. Die Dynamik, die sich aus dem Zusammenspiel dieser drei Rollen ergibt, wird deshalb «Drama-Dreieck» genannt.

Diese Abwertungsmuster sind in unterschiedlicher Ausprägung sehr verbreitet. Jeder von uns hat schon Erfahrungen damit gemacht.

Ich finde dieses Modell sehr hilfreich als Ergänzung zum Modell der Fairen Kommunikation. Zum einen dient es der Selbsterkenntnis: In welcher der beschriebenen Lebenshaltungen erkenne ich mich selbst wieder? Zum anderen hilft es, unser Gegenüber besser zu verstehen, negative Tendenzen in der Interaktion mit anderen Menschen frühzeitig zu erkennen und sich besser darauf einzustellen. Im Kapitel «Wege aus der Opfer-Retter-Verfolger-Dynamik» (S. 152) werden Sie dann erfahren, wie Sie sich in der Begegnung mit anderen Menschen auf die verschiedenen Lebenshaltungen einstellen und auch in schwierigen Situationen eine abwertungsfreie Haltung bewahren oder erreichen.

Die Opfer-Retter-Verfolger-Dynamik

Kennen Sie das? Manchmal möchten Sie jemandem helfen, dem es schlechtgeht, und plötzlich stehen Sie als Dumme da. Oder es geht Ihnen eine Person auf die Nerven, die sich bemüht, Ihnen Gutes zu tun. Oder Sie sind mit jemandem aneinandergeraten, der Sie «zur Sau macht». Weshalb gehen einem Menschen oft so penetrant auf die Nerven, weshalb jammern sie, sind wehleidig oder aggressiv – eben einfach schwer zu ertragen? – Was können Sie in einer solchen Situation tun? Mit den Kenntnissen aus dem ersten Teil dieses Buches werden Sie die Frage, wie Sie mit solchen unterschiedlichen Menschen souverän umgehen können, leicht beantworten: In all diesen Situationen ist Ihre Einfühlung in die Bedürfnisse der anderen Person und der Ausdruck Ihrer eigenen Bedürfnisse gefordert. Doch es gibt vielleicht Momente, in denen Sie sich mit Ihrer Fähigkeit und Bereitschaft, mitfühlend zu reagieren, überfordert fühlen. Hier brauchen Sie etwas anderes, nämlich ein tieferes Verständnis für die Hintergründe Ihres Verhaltens und des Verhaltens Ihrer Mitmenschen.

Der Treibstoff für die destruktive Dynamik ist die Abwertung

Zur Erklärung möchte ich einen zentralen Begriff, den Sie bereits aus dem ersten Teil des Buches kennen, wieder aufgreifen: den Begriff der Abwertung (siehe hierzu auch das Kapitel «Wie Sie Konflikte ansprechen», S. 52).

Sie erinnern sich vielleicht: Abwertung anderer können Sie im Gespräch am einfachsten an Du-Botschaften, an Übertreibungen wie «absolut», «immer», «keiner», «schon wieder», «nie», «total» («Du bist ja total durcheinander», «Du läßt mich nie ausreden») erkennen. Selbstabwertung wird dagegen sichtbar durch den häufigen Gebrauch von Wörtern, die Verunsicherung ausdrücken wie «eventuell», «vielleicht», «bloß», «eigentlich», «ein bißchen» («Ich bin etwas verwirrt», «Könnten Sie eventuell noch mal schauen, ob das jetzt so richtig ist?», «Ich möchte ja bloß wissen …»). Zu beiden Verhaltensweisen gehören natürlich auch die entsprechende Mimik, Gestik, Körperhaltung, Stimmlage und Handlung: zum Beispiel das verächtliche Verdrehen der Augen, eine geduckte Haltung oder ein zur Seite geneigter Kopf, das Ignorieren des anderen, nicht auf seine Aussagen eingehen, Reden ohne Punkt und Komma oder Vereinbarungen nicht einhalten. Alle Verhaltensweisen, die mangelnde Wertschätzung anderer ausdrücken oder mit denen wir uns selbst als klein und unbedeutend darstellen, sind Abwertungen.

⟩⟩⟩⟩   Die drei Formen der Abwertung

Bevor wir uns die drei Formen der Abwertung – die Opfer-, Retter- und Verfolger-Haltung – im einzelnen anschauen, möchte ich allgemein erläutern, was es mit diesen Abwertungsmustern auf sich hat.

Grundsätzliches zu den Abwertungsmustern

Abwertungsmuster werden in der frühesten Kindheit geprägt. Zum einen entstehen sie durch Nachahmung und Anpassung an elterliche Verhaltensweisen, zum anderen dienen sie dazu, den Schmerz zu kompensieren, der durch nicht befriedigte Bedürfnisse in der Kindheit entsteht. Ein wichtiges Ziel ist deshalb immer, daß wir lernen, uns unserer unbefriedigten Bedürfnisse bewußt zu werden und direktere Wege zu finden, diese Bedürfnisse zu befriedigen, ohne uns selbst oder andere abzuwerten.

Der Abwertung liegt immer eine getrübte Sicht der Wirklichkeit zugrunde, die sich darin äußert, daß wir eigene oder fremde Stärken oder Schwächen übertreiben. Besonders deutlich wird dies darin, wenn wir andere Menschen heftig bewundern oder ablehnen. Dann sind wir immer in Gefahr, uns durch die Bewunderung und Verehrung einer anderen Person selbst abzuwerten: Dem anderen werden Eigenschaften zugeschrieben, die wir selbst für wertvoll und erstrebenswert halten. Ob er diese wirklich besitzt, können wir oft gar nicht überprüfen. Das gleiche gilt für die vehemente Ablehnung einer anderen Person: Ihr werden im übertriebenen Maß negative Eigenschaften unterstellt. Abwertung bedeutet immer eine Schwächung – entweder des eigenen Selbstbildes oder des Bildes, das wir uns von einer anderen Person machen.

Durch Abwertung erhalten wir auf indirekte Weise Beachtung und Zuwendung, die jedoch meist negativ ist. Wenn wir beispielsweise durch Vorwürfe jemand anderen gegen uns aufbringen, bekommen wir negative Beachtung, oder wenn wir uns «schlecht fühlen» hoffen wir, jemanden zu finden, der sich um uns kümmert.

Im Moment des Abwertens sehen wir gewöhnlich unseren Zustand als zwangsläufig und nicht von uns selbst beeinflußbar an. Wenn wir klagen oder anklagen, sagen wir gewöhnlich «Es geht mir schlecht» oder «Du machst/Das macht mich wütend». Wir sehen also die Ursachen außen und nicht in uns selbst. Wer dagegen weiß, wie er auf positive und direkte Weise seine Lebenssituation gestalten, seine Bedürfnisse befriedigen und in positiver Form Zuwendung bekommen kann, wird diesen Weg vorziehen.

Keines der drei Abwertungsmuster ist besser oder schlechter als ein anderes: Verfolger zu sein ist nicht schlechter oder besser, als Opfer zu sein, sondern lediglich eine andere Strategie, um durch die Welt zu kommen. Retter zu sein ist nicht edler, sondern genauso entwicklungshinderlich, wie in einem der anderen beiden Muster gefangen zu sein.

Wir kennen alle die drei Abwertungsmuster, doch meist bevorzugen wir eine bestimmte Haltung, eingeübt durch Konstellationen in der Kindheit: Wenn ein Kind beispielsweise frühzeitig Verantwortung übernehmen mußte für eine kränkelnde oder depressive Mutter oder weil es viele jüngere Geschwister hatte, wird es womöglich eine Retter-Haltung entwickeln. Wenn dagegen von den Eltern ständig Einschränkungen und Strafen ausgesprochen werden oder Kinder übertrieben behütet und in ihrem Selbstvertrauen geschwächt werden, kann das bei Kindern Ängstlichkeit, Unsicherheit und Unselbständigkeit fördern, also die typische Opfer-Haltung. Menschen dagegen, die statt Zuwendung eher Kritik erfuhren oder deren Kindheit von Gewalterfahrungen geprägt war, werden womöglich eine Verfolger-Haltung entwickeln. Ob und welches Abwertungsmuster ein Mensch entwickelt, hängt von vielen verschiedenen Einflüssen ab, zum Beispiel auch der Geschwisterkonstellation, von Schulerfahrungen, vom Einfluß gleichaltriger Freunde usw.

Abwertungen rufen oft komplementäre Reaktionen hervor, das heißt, die andere Person reagiert aus einem dazu passenden Abwertungsmuster, das ähnlich wie ein Schlüssel in ein Schloß paßt: Menschen mit Opfer-Haltung finden ihre ideale Ergänzung in Menschen mit Retter-Haltung. Menschen mit Verfolger-Haltung können unsichere Menschen dazu verlocken, in eine Opfer-Haltung zu gehen.

Trifft beispielsweise ein Mensch mit Tendenz zur Opfer-Haltung auf einen anderen Menschen, der gern in die Retter-Haltung geht, können die beiden eine Zeitlang eine sehr befriedigende Zeit miteinander verbringen (zum Beispiel eine fürsorglich-mütterliche Frau als Retterin und ein erfolgloser Mann als Opfer). Schwierig wird es erst, wenn einer der beiden sich verändert und die altvertraute Haltung nicht mehr einnehmen will. Wahrscheinlich wechselt dann einer von ihnen in die Verfolger-Rolle, bis eine neue Balance gefunden wird oder es zur Trennung kommt.

Treffen Verfolger-Menschen dagegen (beispielsweise ein mißtrauischer, kritikfreudiger Vorgesetzter) auf ein bereitwilliges Opfer (zum Beispiel eine ängstliche, unsichere Mitarbeiterin), so kann das durchaus eine Weile gutgehen, bis vielleicht irgendwann das System kippt und das Opfer womöglich in den Verfolger wechselt («Von dem laß ich mir nichts mehr gefallen»).

Abwertungen sind immer «Einladungen» zu Psycho-Spielen[12], die nach bestimmten Gesetzmäßigkeiten ablaufen und mit unguten Gefühlen auf beiden Seiten enden. Ein Beispiel hierzu finden Sie im Abschnitt «Eine verbreitete Opfer-Retter-Interaktion: Das Ja-aber-Spiel» (S. 147).

»»» Die Opfer-Haltung: Depression statt Selbstbehauptung

Menschen nehmen die Opfer-Haltung ein, indem sie sich selbst abwerten. Sie haben die Idee, minderwertig zu sein, und oft ist diese gepaart mit einer gehörigen Dosis Selbstmitleid. Häufig leiden sie unter Depressionen und Lebensangst oder spielen sogar mit Selbstmordgedanken.

Opfer sagen zum Beispiel von sich selbst:

Alles, was ich anpacke, geht schief. Mit mir stimmt was nicht. Niemand hat wirklich Zeit für mich.

Alle Sätze mit *Ich kann nicht ...*, *Ich schaff's nicht ...*, *Es geht nicht ...*, *Ich muß immer ...* und *Ich würde ja gern, aber ...* kommen aus dieser Haltung:

Ich muß immer auf dich warten. Ich schaff's einfach nicht abzunehmen.

Menschen in Opfer-Haltung sind auch daran zu erkennen, das sie sich häufig entschuldigen, zum Beispiel dafür, daß sie anrufen und stören. Manchmal schlägt der jammernd-quengelige Ton des Opfers allerdings auch in den aggressiv-vorwurfsvollen Ton des Verfolgers um. Deshalb werden Sie mehr noch als am Inhalt der Worte am Tonfall und entsprechenden Körpersignalen erkennen können, in welchem Abwertungsmuster sich jemand gerade befindet.

Als Opfer sehen wir uns hilflos einem übermächtigen Geschehen ausgeliefert, das wir nicht beeinflussen können. Wir fühlen uns dann nicht imstande, eine Situation im Rahmen der gegebenen Möglichkeiten zu unserer Zufriedenheit zu gestalten. Deshalb hoffen wir als Opfer, einen Retter zu mobilisieren, der uns aus der Klemme hilft. Leicht kann es jedoch passieren, daß statt des Retters ein Verfolger auftaucht, der uns noch eins draufgibt. Während Retter ein Opfer gern fürsorglich bei der Hand nehmen: «Nun mach dir mal keine Sorgen. Das kriegen wir schon hin», würde ein Verfolger eher sagen: «Nun jammere hier doch nicht so rum, sondern komm endlich in die Gänge!» Als Opfer sehen wir uns dann erst recht in unserem Leid bestätigt: «Niemand versteht mich und kann nachfühlen, wie's mir geht.»

Opfer haben ihre eigenen Waffen: Statt sich selbstbewußt zu behaupten und Ärger direkt auszudrücken, passen sie sich eher an, um Kritik zu vermeiden, und sind statt dessen ver-

steckt aggressiv und rebellisch. So können sie an der Ober-
fläche angepaßt und willfährig erscheinen und im Unter-
grund ein Komplott schmieden. Opfer sind also keineswegs
so machtlos und hilflos, wie sie auf den ersten Blick erscheinen.

In Streßsituationen fallen Opfer gern in die Verfolger-Rolle
und geben unerwartet Kontra: «Du weißt immer alles besser!»

Worin besteht der «Nutzen» der Opfer-Haltung?
Die vertraute Rolle des «unschuldigen» Opfers gibt Schutz
und Sicherheit, denn auf diese Weise erhalten wir tatsächlich viel Unterstützung und positive Zuwendung, ohne uns
allzusehr anstrengen zu müssen. In der Opfer-Haltung zu
verharren bedeutet, Verantwortung für das eigene Leben zu-
rückzuweisen («Ich würde ja gern …, wenn nur nicht …»),
denn wir finden immer Entschuldigungen und Ausflüchte,
um nicht selbst aktiv werden zu müssen und uns damit un-
bekannten Risiken auszusetzen. Diese Haltung wird jedoch
in der Regel genausowenig wie die beiden anderen Rollen
aus einem Kalkül heraus eingenommen, sondern seit früher
Kindheit eingeübt als ein Weg, mit den Widrigkeiten des Lebens zurechtzukommen.

⟫⟫⟫ Die Retter-Haltung: Immer für andere da

Menschen in der Opfer-Haltung hoffen auf Retter, haben Sie
gerade gehört. Wieso ist «Retten» ein Abwertungsmuster?
werden Sie vielleicht fragen. Was soll denn daran problematisch sein, wenn ich jemand anderem helfen möchte? Retten
im Gegensatz zum Helfen ist hier so definiert, daß wir als
Retter für eine andere Person mehr tun, als diese an Unterstützung tatsächlich braucht oder von uns haben möchte.
Und das ist noch nicht alles: Gleichzeitig tun wir auch mehr,

als uns selbst guttut. Denn wir glauben zum einen: «Andere Menschen kommen ohne mich nicht zurecht» und werten damit die Fähigkeit anderer ab, selbst zu denken und Probleme zu lösen. Zum anderen fürchten wir, nicht geschätzt und geliebt zu werden, wenn wir nicht immer für andere voll im Einsatz sind. Damit werten wir uns selbst ab als eine Person, die es verdient, nur um ihrer selbst willen geliebt zu werden, ohne dafür etwas leisten zu müssen. Als Retter glauben wir: «Ich werde nur geliebt, wenn ich für andere da und nützlich bin.» Wir werden deshalb gern für andere aktiv, geben Ratschläge oder spenden Trost und übergehen dabei eigene Bedürfnisse. Als Retter handeln wir oft wie unter einem inneren Zwang und leiden gleichzeitig unter heftigen Schuldgefühlen, weil wir uns nie sicher sind, genug für andere getan zu haben.

Ein anderes Gefühl, das wir als Retter gut kennen, ist die versteckte Resignation, da wir selbst oft nicht die Dankbarkeit erfahren, die wir uns wünschen, nachdem wir uns so aufgeopfert haben. Gleichzeitig tun wir uns als Retter schwer, Dank und Anerkennung anzunehmen und zu genießen.

Als Retter gehen wir in der Regel einseitige, nicht umkehrbare Beziehungen ein, wie sie beispielsweise für die Beziehung zwischen Mutter und Kind typisch ist. Das heißt, wir übernehmen die Rolle der starken Person, und andere nehmen die Rolle des Schwachen und Hilfsbedürftigen ein. Deshalb können wir als Mensch mit ausgeprägter Retter-Haltung Hilfe von anderen kaum annehmen und schon gar nicht um etwas bitten oder etwas fordern, denn das hieße ja, die Rollen umzukehren.

Unter Streß werden Retter leicht zu Verfolgern oder auch zu Opfern, wenn sie sich in ihren Bemühungen zu helfen nicht genügend anerkannt fühlen («Jeder denkt nur an sich!»). Retter äußern Vorwürfe gern als moralische Maximen («Jeder sollte ...») und können sehr verfolgerisch werden, wenn andere sich diesen Maximen nicht unterordnen wollen.

Insgesamt sind Retter recht zwiespältige Menschen: Ständig bemüht, für das Wohl anderer zu sorgen, bekommen sie selbst nicht das, was sie brauchen, um sich glücklich und erfüllt zu fühlen. Denn Menschen, die sich glücklich und erfüllt fühlen, sind keine Retter.

Worin besteht der «Nutzen» der Retter-Haltung?
Als Retter bekommen wir für unser Tun (weniger für unser Sein) reichlich Anerkennung – wenn oft auch nicht direkt – und können somit unser Minderwertigkeitsgefühl [13] auf positive Weise in den Griff bekommen. Wir können unsere quälenden Schuldgefühle reduzieren, wenn wir etwas für andere tun, außerdem haben wir eine gewisse Kontrolle über andere und erleben uns selbst als stark und kompetent. Retter haben viel menschlichen Kontakt, insbesondere in typischen Retter-Berufen wie Arzt, Sozialarbeiter oder Krankenschwester, ohne sich persönlich offenbaren und einlassen zu müssen.

Eine verbreitete Opfer-Retter-Interaktion: Das Ja-aber-Spiel

Das folgende Beispiel ist ein sehr verbreitetes, aber noch recht harmloses Interaktionsmuster. Wir kennen es alle. Es beginnt damit, daß eine Person aus der Opfer-Haltung heraus Signale der Hilflosigkeit aussendet.

Andrea und Bernd unterhalten sich:

Andrea (niedergeschlagen): Ich weiß nicht, was ich tun soll. Ich fühle mich am Wochenende immer so einsam.

(Das ist bereits eine äußerst verführerische «Einladung» an alle Retter.)

Bernd (startet seine Rettungsaktion in Form eines Ratschlags): Wie wäre es, wenn du versuchst, neue Leute kennenzulernen, zum Beispiel über einen Volkshochschulkurs?

A: Ja, daran hab ich auch schon gedacht, aber dann bin ich doch immer wieder zu müde. Ich will nicht auch noch abends Termine haben.

B: Dann geh doch in den Gesundheitspark. Da brauchst du dich nicht festzulegen, sondern kannst nach Lust und Laune kommen.

A: Ja, im Prinzip ist das eine gute Idee, aber ich bin abends immer so geschafft. Das ist schwierig, sich dann noch mal aufzumachen. Und dann kenne ich dort niemanden.

B: Vielleicht könntest du dich mit jemandem dort verabreden?

A: Ja, aber das ist ja gerade mein Problem. Mit wem soll ich mich verabreden? Alle haben immer schon was vor, wenn man sie anruft.

B: Natürlich muß man sich für so was schon ein paar Tage vorher verabreden. Wenn ich jemanden spontan anrufe, klappt es meistens auch nicht.

A (ärgerlich, schwenkt jetzt um von der Opfer- in die Verfolger-Haltung): Ach, meinst du, das wüßte ich nicht! Laß mich doch in Ruhe mit deinen Ratschlägen, du Besserwisser!

B (beleidigt, er schwenkt jetzt vielleicht um von der Retter- in die Opfer-Haltung): Ich hab's ja nur gut gemeint. Das nächste Mal sage ich besser nichts mehr!

Dieser Umschwung am Ende des Dialogs ist sehr typisch. Deshalb wird diese Dynamik in der Transaktionsanalyse auch «Drama-Dreieck» genannt, weil plötzlich alle Beteiligten ihre Rollen wechseln: Andrea springt vom jammerigen

Opfer überraschend in die beschuldigende Verfolger-Haltung. Bernd landet vom besserwisserischen Retter plötzlich in der gekränkten Opfer-Haltung.

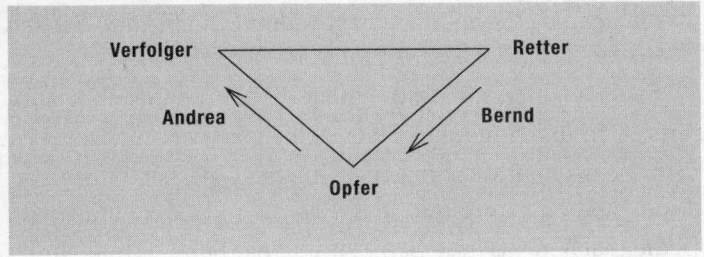

>>>> Die Verfolger-Haltung: Die anderen machen alles falsch

Als Verfolger wenden wir alle Frustration, allen Ärger und alle Wut nach außen, sehen die Fehler bei anderen Menschen, in den gesellschaftlichen Verhältnissen oder dem politischen System, nur nicht bei uns selbst. Nicht nur einzelne Personen, sondern auch ganze Personengruppen oder Völker können angefeindet und abgewertet werden. Das äußert sich dann beispielsweise in Wutattacken, Fanatismus oder Krieg. Das Motto von Verfolgern ist: «Angriff ist die beste Verteidigung.» Im folgenden werden wir uns aber weniger mit dieser Extremform des Verfolgers beschäftigen, sondern mit den alltäglichen Verfolger-Mustern. Diese können sich auf verschiedene Weise zeigen:

Durch Du-Botschaften *Du bist nun mal unser Sensibelchen! – Das habe ich mir schon gedacht, daß Sie das wieder nicht kapieren. – Welcher Idiot hat denn schon wieder das Werkzeug verräumt? – In diesem Brief wimmelt es von Fehlern. Woran denken Sie bloß beim Tippen?*

Durch Killerphrasen *Solche Gefühlsäußerungen gehören doch nun wirklich nicht hierher. – Mit diesem Rumgerede kom-*

men wir hier nicht weiter! Jetzt müssen endlich mal Nägel mit Köpfen gemacht werden.

Durch Verallgemeinern *Wenn's drauf ankommt, hat niemand Zeit in diesem Laden! – Heutzutage denkt doch jeder nur an sich. – Das hätten wir uns damals nicht rausnehmen dürfen. – Das weiß doch mittlerweile jedes Kind.*

Verfolger können auch ausgeprägte Herrenmenschen-Allüren zeigen und Statements von sich geben wie: «Es gibt einfach Menschen, die bringen es nicht. Ein paar haben was drauf, aber die meisten sind Flaschen. Denen muß man Beine machen.» (Diese Sätze zitierte ein Seminarteilnehmer aus seinem Büroalltag.)

Als Verfolger sind wir selbstgerecht und von uns selbst überzeugt und handeln nach dem Motto: «Ich weiß genau, was mit anderen nicht stimmt, und werde es sie wissen lassen.» Dabei vereinfachen wir als Verfolger gern komplexe Sachverhalte, schimpfen über alles und jeden, ohne uns mit einem Thema wirklich auseinandergesetzt zu haben. Verfolger weigern sich, genau hinzuschauen.

Als Verfolger geben wir uns zwar nach außen stark und unverwundbar, haben aber tief innen genauso wie Opfer und Retter die Überzeugung, nicht um unserer selbst willen geliebt zu werden.

Das typische Gefühl, das Verfolger erleben, ist Ärger und Wut, wobei ihre Reaktion auf eine frustrierende Situation oft überzogen ist.

Unter Streß können Verfolger in die Opfer-Haltung fallen: «Niemand versteht mich.»

Worin besteht der «Nutzen» der Verfolger-Haltung?
Auf den ersten Blick könnte man meinen, daß wir in der Verfolger-Haltung Streß und Frustration leichter abbauen können, da wir ihn immer gleich nach außen abführen. Wie ich

im Kapitel «Häufiges Sich-Ärgern ist Gift für das Herz» (S. 34) gezeigt habe, gefährden Menschen, die dazu neigen, sich schnell, oft und heftig zu ärgern, ihre Gesundheit. Als Verfolger kompensieren wir unsere Minderwertigkeitsgefühle und Selbstzweifel durch die Abwertung anderer. Indem wir andere durch Kritik und Abwertung unter Kontrolle halten, befriedigen wir außerdem unsere Machtbedürfnisse. Dadurch befinden wir uns als Verfolger oft in einem kraftvolleren Zustand als in der Haltung des Opfers, das Aggression und Frustration gewohnheitsmäßig nach innen wendet und sich damit selbst schwächt.

Nach meiner Erfahrung kann es vorübergehend, insbesondere wenn man sich aus der Opfer-Haltung lösen möchte, erleichternd sein, auch mal die Schuld bei anderen zu suchen und Ärger nach außen abzuführen. Da Aggression gewöhnlich eine Gegenreaktion auslöst, werden wir auf diesem Weg jedoch nie zu befriedigenden und dauerhaften Konfliktlösungen kommen.

Wege aus der Opfer-Retter-Verfolger-Dynamik

**〉〉〉〉 Wie Sie nicht in den Sog
der Abwertung geraten**

Im vorigen Kapitel haben Sie die drei Abwertungsmuster kennengelernt. Jetzt möchten Sie vielleicht wissen: Wie komme ich aus ihnen heraus? Was kann ich tun, um nicht in Gefahr zu geraten, abzuwerten oder abgewertet zu werden? Im folgenden möchte ich Ihnen dazu einige Hinweise geben – ohne Anspruch auf Vollständigkeit. Und ich möchte eine Einschränkung machen: Manchen Menschen wird das Lesen all dieser Ratschläge nicht wirklich weiterhelfen, denn sie brauchen therapeutische Hilfe, zum Beispiel wenn Sie spüren, daß Ihnen Ihre momentane Lebenssituation – sei es beruflich oder privat – nicht guttut, und Sie sich oft verzweifelt fühlen, aber auch nicht imstande sind, etwas grundlegend zu verändern.

Um die folgenden Empfehlungen umzusetzen, brauchen Sie die Fähigkeit, statt aus einer abwertenden Haltung aus Ihrem bewußtem Ich heraus zu reagieren. In der Transaktionsanalyse heißt dieses bewußte Ich, das sich auf die unverzerrt wahrgenommene Realität bezieht und darauf *abwertungsfrei* reagiert, «Erwachsenen-Ich».

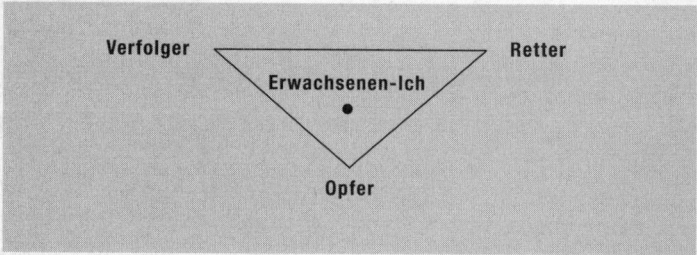

Bevor ich auf die drei Abwertungsmuster Opfer – Retter – Verfolger einzeln eingehe, um Ihnen Reaktionsmöglichkeiten aus dem Erwachsenen-Ich zu zeigen, zunächst ein paar allgemeine Regeln, wie Sie komplementären Abwertungsreaktionen (Opfer – Retter oder Verfolger – Opfer) vorbeugen:

Werden Sie hellhörig für Abwertungen

Werden Sie hellhörig für Abwertungen, denn sie sind immer Einladungen, ins Drama-Dreieck zu gehen. Viele Sätze, die sich für uns ganz vertraut anhören, sind Abwertungen, entweder von uns selbst oder von anderen:

Ich bin ganz verwirrt. Ich werde das nie kapieren. **(Opfer)**
Ich mach das schon. Das schaffst du nicht allein. **(Retter)**
Nun führen Sie sich hier doch nicht so auf, als wenn es nur auf Sie und Ihre Wünsche ankommt. **(Verfolger)**

Schärfen Sie Ihr Ohr für solche Abwertungen, damit Sie entsprechend darauf reagieren können.

Bleiben Sie bei den Fakten, und drücken Sie Ihre Bedürfnisse aus

Im ersten Teil des Buches (insbesondere im Kapitel «Die konfrontierende Ich-Aussage», S. 65) haben Sie erfahren, wie Sie abwertungs- und vorwurfsfrei Störungen beschreiben und Ihre Bedürfnisse ausdrücken. Hier noch mal ein Beispiel zur Erinnerung. Statt abwertend zu sagen:

Sie rauben mir mit Ihrer chaotischen Reisekostenabrechnung den letzten Nerv, Herr Meier.

könnten Sie sagen: *Wenn Sie mir die Reisekostenabrechnung in dieser Form abliefern, bin ich erst einmal 20 Minuten damit beschäftigt, die Belege zu ordnen. Oft habe ich dann noch Rückfragen, zum Beispiel wenn Sie das Formular nicht vollständig ausgefüllt haben. Womöglich erreiche ich Sie dann nicht gleich. All das kostet mich eine Menge Zeit. Mich ärgert das. Ich* möchte die Reisekostenabrechnungen gern zügig bearbeiten können.

Statt eines allgemeinen Vorwurfs erfährt hier die andere Person, worin genau für Sie die Störung besteht. Allerdings erfordert es von Ihnen einiges an Selbstbeherrschung, nicht einfach nur den Ärger herauszulassen, sondern die Störung in einer für die andere Person akzeptablen Weise zu beschreiben.

Seien Sie großzügig mit Anerkennung

Sagen Sie ruhig öfter mal, was Ihnen besonders gefällt. Wir sind alle hungrig nach Anerkennung unserer Person und dessen, was wir tun. Wer viel «gestreichelt» wird, kann auch in schwierigen Zeiten auf ein gutgefülltes «Streichelkonto» zurückgreifen und braucht sich Zuwendung nicht auf Schleichwegen zu holen.

Ein Übungsvorschlag dazu: Überlegen Sie mindestens einmal täglich, wie Sie etwas, das eine andere Person tut und das Sie geneigt sind, für selbstverständlich zu halten, besonders anerkennen könnten. Sagen Sie zum Beispiel zu einer Mitarbeiterin:

Sie sind in Ihrem Bericht ausführlich auf die Problematik X eingegangen und haben Sie mit großer Fachkenntnis erörtert. Das gefällt mir, denn ich habe einige Details jetzt selbst besser verstanden und somit beim Lesen einiges dazugelernt.

Entwickeln Sie Ihren Humor

Humor verträgt sich nicht mit Hilflosigkeit, Besserwisserei und Ärger. Sie können nicht abwerten und gleichzeitig herzhaft lachen. Ich spreche hier natürlich nicht vom Galgenhumor oder vom Auslachen anderer, sondern von der Fähigkeit, über die Wirrungen des Lebens zu lachen, statt sich aufzuregen oder sich in Gedanken über die eigene Minderwertigkeit hineinzusteigern. Wer lacht, kann eine Situation relativieren, sie also in ihrer wahren Bedeutung innerhalb eines umfassenderen Zusammenhangs sehen, statt sich von ihr beherrschen zu lassen.

⟩⟩⟩⟩   Wie Sie sich davor bewahren, sich als Opfer zu fühlen

Zum Opfer machen wir uns, wenn wir uns unserer Bedürfnisse nach Anerkennung und Zuwendung nicht bewußt sind. Dann sind wir nämlich in Gefahr, uns diese Anerkennung und Zuwendung – statt auf direktem Weg – indirekt zu holen durch Jammern und uns für hilflos, verwirrt und unfähig zu erklären, so wie ich es im letzten Kapitel beschrieben habe. Von diesem Muster können Sie sich befreien, wenn Sie lernen, *Verantwortung für Ihr eigenes Wohlergehen zu übernehmen*.

Achten Sie frühzeitig auf Ihre Bedürfnisse, und holen Sie sich aktiv, was Sie brauchen

Menschen, die gern in die Opfer-Haltung gehen, haben Schwierigkeiten damit, sich selbst aktiv Zuwendung zu geben und zu holen. Sie wünschen sich, daß andere ihre Gedanken lesen und ihre Bedürfnisse erraten. Opfer müssen lernen, gut für sich selbst zu sorgen, eigene Bedürfnisse frühzeitig wahrzunehmen und etwas zu tun, um diese zu befriedigen, bevor sie aus ihrer inneren Balance geraten und unter akutem Zuwendungsmangel leiden.

Es geht also darum, die Befriedigung Ihrer Bedürfnisse als eigene Herausforderung anzusehen und sich direkt positive Zuwendung zu holen. Zum Beispiel könnten Sie, statt sich gekränkt zurückzuziehen, Ihrem Partner sagen:

«*Ich möchte gern, wenn du nach Hause kommst, erst ein bißchen mit dir reden, bevor du dich in die Zeitung vertiefst.*»

Loben und verwöhnen Sie sich selbst

Loben Sie sich ruhig öfter selbst, und entwickeln Sie Verwöhn-Rituale.

Zum Beispiel: In einer Ausbildungsgruppe wurde uns auferlegt, nach einem Rollenspiel zuerst drei Dinge über uns selbst zu sagen, die wir gut gemacht hatten. Für die meisten von uns war das eine sehr schwierige Übung, denn wer hat nicht noch den fatalen Satz «Eigenlob stinkt» aus der Kindheit im Ohr. Tatsächlich lebt es sich aber viel angenehmer mit Menschen, die freundlich mit sich selbst umgehen, als mit Menschen, die zu sich selbst ständig sagen: «Ach, wie bin ich blöd» oder «Das war mal wieder typisch für mich. Ich bin wirklich ein Idiot.»

Seien Sie also ruhig verschwenderisch mit Selbstlob («Das habe ich wirklich toll gemacht!»), denn das prägt sich unseren Gehirnwindungen genauso ein wie Anerkennung durch andere.

Auch Selbstverwöhnungsrituale wie ein Bad, ein ausgiebiger Saunabesuch, eine gemütliche Teestunde am Nachmittag tragen dazu bei, daß wir uns selbst mögen und das auch nach außen ausstrahlen. Dazu gehört auch, sich selbst etwas zu kochen oder etwas für die körperliche Fitneß zu tun. Indem Sie zu sich selbst freundlich sind, sind Sie nicht ausschließlich auf die Anerkennung von anderen angewiesen und somit weniger Opfer-gefährdet.

Zu den Guttaten, die Sie nähren, gehört auch, *Anerkennung von anderen bewußt und freudig anzunehmen* und in sich reinzulassen. Sie bekommen zum Beispiel als tüchtige Organisatorin Blumen überreicht. Statt abwehrend zu sagen: «Das wäre doch wirklich nicht nötig gewesen», nehmen Sie die Anerkennung an: «Darüber freue ich mich sehr.»

Übernehmen Sie Verantwortung für sic

Übernehmen Sie Verantwortung für Ihr Denken, fühle, Ihr Verhalten und für Ihre Entscheidungen. fühlen wir uns oft machtlos einer Situation ausgeliefert verwenden gern Sätze wie

Ich kann nicht ... oder *Ich konnte nicht anders.*

Es geht nicht ... oder *Mir sind die Hände gebunden.*

Ich muß ... oder *Ich habe keine andere Wahl.*

Mit jedem dieser Sätze schränken Sie sich selbst in Ihren Möglichkeiten ein und auch darin, Konflikte mit anderen gemeinsam zu lösen. Um für einen Konflikt eine Lösung zu finden, müssen Sie sich selbst als verantwortlich für Ihre Handlungen ansehen.

Beispiel: Richard hat mit seiner Frau Claudia verabredet, um 19 Uhr zu Hause die Betreuung der Kinder zu übernehmen, da sie einen Abendtermin hat. Er schafft es nicht – wie schon so oft –, pünktlich dazusein und entschuldigt sich damit, daß sein Chef ihn aufgehalten hat, um noch etwas zu besprechen.

Als Opfer wird Richard erklären: «Es ging einfach nicht anders. Ich kam nicht früher weg. Wenn ich in dieser Firma zu etwas kommen will, kann ich in so einem Moment nicht einfach abhauen.» Seine Frau ist wütend, weil sie sich über seine Unzuverlässigkeit ärgert und schon des öfteren erlebt hat, daß er die Schuld auf äußere Umstände schiebt. Richard übernimmt keine Verantwortung für seine Entscheidung, seiner Arbeit den Vorrang vor allem anderen zu geben.

Oft läuft so etwas jedoch nicht auf einer bewußten Ebene ab, sondern äußert sich lediglich in einer undefinierbaren Enttäuschung über den Partner.

Wenn Richard die volle Verantwortung für seine Entscheidung und sein Handeln übernehmen würde, ohne in die Opfer-Haltung zu gehen, könnte er sagen:

.s tut mir leid, daß ich so unzuverlässig bin. Ich merke, daß ich mich im Zweifelsfall eher zugunsten meiner Arbeit entscheide, als die Verabredung mit dir einzuhalten, weil ich Angst habe, daß mein Chef an meinem Engagement zweifeln könnte. Ich würde gern hören, wie du darüber denkst, und ich möchte gern mit dir darüber reden, ob wir eine andere Lösung für die Kinderbetreuung finden können.

Mit dieser Ausgangsbasis könnten die beiden besser darüber verhandeln, wie sie künftig mit dem Problem umgehen wollen.

Bleiben Sie sich der Gründe bewußt, weshalb Sie eine Situation nicht verändern möchten

In die Opfer-Haltung gehen wir, wenn wir zwar den Vorteil, den eine Sache hat, gern in Anspruch nehmen möchten, gleichzeitig aber über den Preis klagen, den wir dafür zu zahlen haben. Indem wir uns für etwas entscheiden, müssen wir zugleich etwas anderes loslassen. Opfer klagen gern darüber, daß sie nicht beides haben können.

Beispiel: Wenn Sie beispielsweise immer wieder jammern: «Oh, ich hasse diese Arbeit, aber ich habe keine andere Wahl. Ich kann nicht kündigen, denn einen Job so nahe bei meiner Wohnung, der noch dazu so gut bezahlt ist, bekomme ich nicht so leicht wieder», dann sitzen Sie in der Falle, denn Sie erklären sich selbst zum Opfer.

Eine Alternative dazu ist, die Vor- und Nachteile, die dieser Job für Sie im Moment hat, genau durchzugehen und eine Entscheidung zu treffen. Womöglich kommen Sie zu dem Punkt, daß Sie sich aus bestimmten Gründen gegen eine Veränderung entscheiden. Sie erkennen vielleicht, daß trotz allem Frust es sehr angenehm für Sie ist, daß die Arbeitsstelle in der Nähe Ihrer Wohnung liegt und Sie dadurch eine Menge Zeit sparen, die Sie für andere Interessen nutzen können. Verantwortung zu übernehmen bedeutet – statt zu klagen «Ich habe keine andere Wahl» –, sich der eigenen Entscheidung, weshalb Sie die Arbeit trotz einiger Frustrationen zumindest für absehbare Zeit weitermachen möchten, bewußt zu sein und mit dem Jammern aufzuhören.

Opfer werden von ihren Mitmenschen als anstrengend empfunden, weil sie als Zuhörer spüren, daß ein Opfer zwar ausgiebig über eine angeblich unerträgliche Situation jammern kann, gleichzeitig aber nichts daran ändern möchte. Sich der Gründe dafür, etwas nicht verändern zu wollen, bewußt zu sein, erlöst Sie aus der Opfer-Haltung.

Stoppen Sie Ihren «inneren Kritiker»

Viel schlimmer als unsere äußeren Kritiker gehen wir oft mit uns selbst ins Gericht. Dann grübeln wir womöglich stundenlang darüber nach, was wir warum falsch gemacht haben. Solche Selbstanklagen sind Überbleibsel der kritischen Botschaften, die wir in unserer Kindheit von unseren Eltern und anderen Autoritätspersonen zu hören bekamen und mit denen wir uns nun selbst martern. Wenn Sie sich dabei ertappen, daß Sie sich selbst anklagen und heruntermachen, könnten Sie verschiedene Techniken ausprobieren, um damit aufzuhören:

> Übertreiben Sie Ihre Selbstanklagen bis zur Lächerlichkeit. Die Gouldings, ein amerikanisches Psychotherapeutenpaar, empfahlen, während des Autofahrens Sätze des «inneren Kritikers» als Opernarien zu singen: «Du bist wirklich ein Versager. Für nichts kann man dich gebrauchen.» Das nimmt dem Ganzen gleich die tragische Bedeutung.

> Gunter Schmidt, ein erfahrener Psychotherapeut, empfahl in einem Seminar, ein kleines «Schatzkästchen» der Selbstanklagen anzulegen, in dem Sie Ihre persönliche

Sammlung auf kleinen Zetteln niederschreiben und in Zeiten der Selbstdestruktion kramen, vielleicht ein paar neue hinzufügen oder welche wegwerfen, die überholt sind. Sinn solcher Empfehlungen ist, die Sätze des inneren Kritikers zu erkennen und ihnen ihren destruktiven Sprengsatz zu nehmen.

› Mir selbst hilft es, meine Selbstanklagen als solche zu erkennen («Aha, jetzt spricht mein innerer Kritiker!») und zu beschließen, ihm nicht weiter die Führung zu überlassen, sondern solche Gedanken bewußt zu stoppen und mich anderen Dingen zuzuwenden.'14›

Falls Sie jetzt fragen, wie Sie mit den äußeren Kritikern, den Verfolgern, umgehen: darauf komme ich im letzten Abschnitt dieses Kapitels zu sprechen.

Sprechen Sie sich nicht selbst Fähigkeiten ab

Sobald Sie sich selbst einreden, für eine bestimmte Sache nicht geeignet zu sein oder etwas unmöglich lernen zu können, beschränken Sie sich in Ihrem Entwicklungspotential.

Ein erstes Beispiel: Eine meiner Freundinnen war der festen Überzeugung, nicht lernen zu können (im Sinne von Neues aufzunehmen und intellektuell zu verarbeiten). Durch negative Erfahrungen in der Grundschule hatte sie die Freude am Lernen total verloren. Durch eine Psychotherapie ermutigt, begann sie eine Heilpraktiker-Ausbildung, für die sie enorme Mengen Lernstoff bewältigen mußte. Sie bestand die Prüfung mit Bravour und mußte im Rückblick eingestehen, daß ihre jahrelange Behauptung, sie könne nicht lernen, völlig falsch war.

Werfen wir noch mal einen Blick zurück auf die Empfehlungen, die ich Ihnen gegeben habe, um aus der Opfer-Haltung herauszukommen. Vielleicht ist Ihnen aufgefallen, daß alle Ratschläge sich an den Umgang der Opfer-Gefährdeten mit sich selbst richten, denn zum Opfer, also einem Menschen, der glaubt, minderwertig und unfähig zu sein, erklären wir uns selbst. Im Gegensatz zu Menschen in der Opfer-Haltung leiden Retter und Verfolger nicht so offensichtlich darunter, wenn sie aus ihrer Haltung heraus agieren. Ihren Schmerz nehmen sie erst wahr, wenn sie die Haltung des bewußten Ich einnehmen und erkennen, was sie sich selbst und anderen antun.

Wechseln wir nun die Perspektive. Statt des Umgangs mit den eigenen Opfer-Tendenzen geht es im folgenden darum, wie Sie den «Einladungen» von Opfern widerstehen.

⟩⟩⟩⟩ Zum Umgang mit Opfern: Wie Sie sich davor bewahren, zum Retter zu werden

Marshall Rosenberg sagt: «Der schnellste Weg, wie man jemandem helfen kann, sich noch schlechter zu fühlen, ist, ihm helfen zu wollen, sich besser zu fühlen.» Das mag Ihnen unverständlich vorkommen. Nach dem Lesen dieses Abschnitts wird er Ihnen hoffentlich mehr Sinn machen. Wir alle fühlen uns mehr oder minder aufgefordert, anderen Menschen zu helfen. Doch wann ist unsere Hilfe wirklich eine Hilfe für eine andere Person zu mehr Lebensfreude und Selbständigkeit, und wann behindert sie andere Menschen und uns selbst in unserer Entwicklung? Worauf sollten wir achten beim Helfen, um nicht zu ineffizienten und oft auch unwillkommenen Rettern zu werden?

Achten Sie auf Ihre Motive als Helfer

Helfen kann aus dem Wunsch kommen, schmerzliche und unangenehme Gefühle beiseite schieben zu wollen, vielleicht weil sie an eigene unterdrückte Gefühle rühren. Manche Menschen haben zum Beispiel Schwierigkeiten damit, es auszuhalten, wenn jemand traurig ist und weint, weil sie sich selbst nicht zugestehen, solche Gefühle auszudrücken. Rettern fällt es oft schwer, ihre Ohnmacht einzugestehen. Sollten Sie sich also dabei ertappen, wie Sie jemandem, der Kummer hat, sogleich einen Rat geben oder versuchen, die andere Person schulterklopfend aufzumuntern, könnte das ein Hinweis darauf sein, daß Ihnen das Gefühl fremd oder unangenehm ist.

Ein Beispiel. Die folgende Szene habe ich zufällig mitbekommen: Eine Frau spricht über ihre Angst vor einer bevorstehenden Operation. Ihr Mann sagt: «Also ich hätte keine Angst. Was glaubst du, welche Schmerzen ich im Krieg erlebt habe, als ich verwundet im Lazarett lag? Da muß man einfach durch. Du kannst doch eh nichts dran ändern.» Der Mann hatte in Extremsituationen gelernt, die Zähne zusammenzubeißen und Schmerzen auszuhalten. Deshalb konnte er es nicht nachfühlen, wenn seine Frau über ihre Angst sprechen wollte. Diesen «Luxus» hat er sich schließlich auch nicht erlauben können.

Sie können sich hin und wieder selbst die Frage stellen, ob Ihnen das Gefühl unangenehm ist, das jemand anders jetzt ausdrückt. Möchten Sie es weghaben und sagen deshalb aufmunternde Worte?

Einfühlend zuhören ist die Basis,
um zu helfen, ohne zu retten

Statt Ratschläge zu geben oder trösten zu wollen, reicht es oft aus, erst einmal nur zuzuhören. Anteilnahme zu zeigen, ohne sofort etwas verändern oder lösen zu wollen, ist oft eine größere Hilfe als ein schneller Trost.

  Beispiel: Ihre Tochter schaut in den Spiegel und ist unglücklich über ihre Pickel. Sie sagt: «Ich sehe furchtbar aus.» Üblicherweise reagieren die meisten Menschen, indem sie versuchen zu trösten: «Die paar Pickel sind doch gar nicht so schlimm. Du siehst gut aus.» – Manchmal mag dieser Trost ausreichen. Es ist aber auch möglich, daß sie sich dadurch in ihrem Kummer nicht verstanden fühlt und Sie durch eine einfühlende Reaktion eher erfahren, wie sehr sie das Problem belastet. Das könnte sich dann so anhören:

Mutter: Du bist momentan wirklich unglücklich über dein Aussehen.

Tochter: Ja, die Pickel werden immer mehr. Dabei habe ich mir schon extra eine Pickelcreme gekauft.

Mutter: Du möchtest sie wirklich gern loswerden.

Tochter: Oh ja! Am Wochenende ist eine Party bei Ilona. Ich überlege schon, ob ich da überhaupt hingehe. So wie ich jetzt aussehe, mag ich gar nicht mehr aus dem Haus gehen.

Mutter: Du hast Angst, daß man dich abstoßend findet mit all den Pickeln.

Tochter: Ich finde mich furchtbar zur Zeit. Hast du vielleicht eine Idee, was ich machen könnte?

  Nachdem die Mutter nun weiß, wie sehr ihre Tochter sich durch die Pickel belastet fühlt, könnte Sie auf die Frage hin einen Ratschlag geben, aber erst dann. Einfühlung bedeutet, den Kummer des anderen nicht wegwischen zu wollen, sondern erst einmal dasein zu lassen. Trösten und Beschwichtigen werden dagegen eher wie ein unausgesprochenes Stop-

Signal erlebt im Sinne von: «Hör bloß mit dem Gejammer auf! Es gibt Schlimmeres auf der Welt.»

Laden Sie durch geeignete Fragen ein, selbst aktiv zu werden

Da wir für niemand anderen Probleme lösen müssen, geht es eher darum, wie wir – nach ausreichendem, einfühlsamem Zuhören – andere Personen mit offenen Fragen einladen können, selbst aktiv zu werden:

Du hast dir sicher schon Gedanken gemacht, was du in dieser vertrackten Situation als nächstes tun willst. Magst du es erzählen?

Ich vermute, du hast das Problem schon länger. Was willst du tun, um es anzugehen?

Das hört sich an, als wenn Sie sich wünschen, daß ich Ihnen da helfe. Ist das so? – Wie stellen Sie sich vor, daß ich Ihnen da helfen könnte?

Was möchtest du genau, daß ich für dich tue?

Mit etwas Feingefühl werden Sie erkennen, wo solche Fragen hilfreich sind, um jemanden aus der Passivität herauszuholen, und wann konkrete Hilfsangebote angebracht sind.

Beispiel: Wenn jemand schwer krank ist, kann es sein, daß die kranke Person davor zurückscheut, selbst um so viel Hilfe zu bitten, wie sie wirklich braucht. Da wäre es umgekehrt angebracht, selbst Vorschläge zu machen, was man für den anderen tun könnte.

Achten Sie darauf, nicht in die Rolle des «stillen Helfers» zu geraten

Dieser Rat bezieht sich insbesondere auf den Umgang mit Menschen, die sehr viele Opfer-Appelle aussenden, zum Beispiel weil sie ein Suchtproblem haben. Wenn Sie ihnen zu bereitwillig zur Seite stehen, um die Folgen ihres Tuns zu mildern, oder ihnen die ersten Schritte zur Veränderung abnehmen, ist die Gefahr groß, daß Sie das Opfer in seiner Passivität bestätigen und das Problem verstärken.

Beispiel: Herr B. trinkt zuviel. Seine Frau wird womöglich bemüht sein, ihm beim Vertuschen seiner Abhängigkeit zu helfen, beispielsweise indem sie ihn bei seiner Firma krankmeldet, wenn er aufgrund der Nachwirkungen seiner Alkoholexzesse nicht zur Arbeit gehen kann. Dadurch wird sie zur «stillen Helferin» oder Retterin. Außerdem wird sie ihn wahrscheinlich dazu drängen wollen, einen Entzug und eine Therapie zu machen. In diesem Fall kann sie versuchen, ihn dazu zu motivieren, und ihm eine Stelle nennen, an die er sich wenden kann. Sie sollte jedoch nicht für ihn den ersten Gesprächstermin vereinbaren. Herr B. muß die ersten Schritte aus eigener Kraft tun. Anderenfalls enden die beiden bald im «Drama-Dreieck», in dem sie abwechselnd die Rollen von Opfer, Retter und Verfolger einnehmen und sich gegenseitig Vorwürfe machen (sie ihm, daß er zuviel trinkt und keine Therapie macht, und er, daß sie ihn ständig bevormundet und kontrolliert). Wenn Herr B. trotz allem nichts unternimmt, um aus seiner Abhängigkeit herauszukommen, ist Frau B. gefordert, ihre eigene Situation zu ihrer Zufriedenheit zu verändern. Womöglich braucht sie dafür therapeutische Unterstützung. Die Situation so zu belassen bedeutet dagegen, selbst in einer Opfer-Haltung zu verharren.

▶▶▶▶   Zum Umgang mit Rettern

Retter sind Menschen, die es sich zu ihrer Aufgabe gemacht haben, nett, freundlich und aufmerksam zu sein und vor allem «hilfreich für andere». «Was gibt's dagegen einzuwenden?» werden Sie jetzt vielleicht fragen. Doch ich erlebe es auch immer wieder, daß meine Seminarteilnehmerinnen seufzend mit dem Kopf nicken, wenn ich sage: «Retter können einem auch ganz schön auf die Nerven gehen.»

Bei der Charakterisierung der Retter-Haltung (S. 145) habe ich darauf hingewiesen, daß Retter die Rolle der starken Person übernehmen und ihrem Gegenüber die Rolle der schwachen und hilfsbedürftigen Person zuschieben. Das kann sich schon darin zeigen, daß Retter Ihre Wünsche, selbst wenn Sie sie noch so klar äußern, schlichtweg übergehen – selbstverständlich in der Überzeugung, sie wüßten besser als Sie, was Ihnen guttut.

Ein Beispiel aus meiner eigenen Geschichte. Jahrelang führte ich einen verzweifelten Kampf mit meiner Mutter. Ich versuchte, ihr klarzumachen, daß ich bei meinen kurzen Besuchen zu Hause weder Wurst noch Schinken essen wollte, weil ich mich vegetarisch ernähre, noch mittags einen Wein trinken wollte, weil ich nur sehr wenig Alkohol trinke. Es war eine mühsame Geschichte, bei der ich nichts anderes zu sagen wußte als «Ich möchte das jetzt nicht», während sie trotzdem auftischte. Bis ich eine gute Lösung für das Problem fand, nämlich statt weiterhin Unerwünschtes abzuwehren, aktiv Wünsche zu äußern.

Äußern Sie bewußt Wünsche, und Sie machen Retter glücklich

Da Retter so ein starkes Bedürfnis haben, ihren Wert dadurch auszudrücken, daß sie etwas für andere tun, können Sie dieses Bedürfnis zur gegenseitigen Zufriedenheit nutzen, indem Sie sich einen Wunsch überlegen, über dessen Erfüllung Sie sich wirklich freuen würden. Damit können Sie die Hilfsbereitschaft eines Retters in eine nützliche Aktivität umleiten, statt von unerwünschten Dingen überschwemmt zu werden.

Ich habe gelernt, mir für meine Besuche einen kleinen

Wunsch an meine Mutter zu überlegen, damit wir gar nicht erst in das alte Spiel verfielen. Das kann so etwas Simples sein wie: «Hast du nicht noch ein paar von den guten Äpfeln von eurem Baum? Davon würde ich jetzt gern einen essen und ein paar mitnehmen.» Dann steigt sie extra für mich in den Keller und ist glücklich, mir eine Freude bereiten zu können.

Eine Person mit Retter-Ambition freut sich auch besonders darüber, wenn Sie sie ausdrücklich um Rat und Unterstützung fragen. Sie können sie beispielsweise anrufen und fragen, ob sie jetzt Zeit hat, Ihnen zuzuhören, wenn Sie über ein Problem mit jemandem sprechen wollen. Indem Sie so direkt um Unterstützung bitten, sind Sie auch nicht in Gefahr, sich in eine Opfer-Haltung zu begeben.

Konfrontieren Sie Retter mit ihrer Frustration

Retter sind ja keineswegs nur um unser Wohl bemühte Mütter. Retter sind auch die Menschen, die Ihnen atemlos eine Geschichte nach der anderen erzählen, weil sie glauben, dafür verantwortlich zu sein, das Gespräch in Gang zu halten. Wenn jemand dazwischen anruft, können sie genauso ausgiebig mit der anderen Person telefonieren, weil sie es nicht schaffen, das Gespräch zu beenden. Selbst wenn der Anrufer sie nervt, Retter können sich nicht abgrenzen, denn sie möchten immer lieb und nett sein. Am Ende des Abends sind sie völlig erschöpft und fragen sich, was denn eigentlich los war. Kennzeichnend für die Begegnung mit einem echten Retter ist, daß Sie sich irgendwie genervt und ausgelaugt fühlen. Insbesondere wenn Sie mit einem Retter in einer Beziehung leben, werden Sie immer wieder die Auswirkungen davon spüren, daß Ihre Partnerin nicht nein sagen und sich nicht abgrenzen kann. Um Ihre Frustration anzusprechen, werden Sie das Know-how aus dem ersten Teil (aus dem Ka-

pitel «Ein Konfrontationsgespräch erfolgreich führen», S. 89)
gebrauchen können.

Zum Beispiel habe ich einer Freundin gesagt, wie sehr es
mich frustriert, wenn sie sich, während wir zusammensitzen
und uns unterhalten, immer wieder von Anrufern in lange
Telefongespräche verwickeln läßt, statt zu sagen, daß sie
gerade Besuch hat. Sie verstand meinen Unmut, meinte
aber: «Leute abwimmeln, das schaff ich einfach nicht.» Sie
schaltet jetzt den Anrufbeantworter ein, wenn wir uns bei ihr
treffen.

Sagen Sie deutlich, welche Art von Unterstützung Sie sich wünschen – und welche nicht

Sagen Sie deutlich, welche Art von Unterstützung Sie sich
wünschen. Mit Sätzen wie «Ich komme mit dem Videogerät
einfach nicht zurecht, ich werde das nie kapieren» laden Sie
Retter ein, Ihnen die Arbeit aus der Hand zu nehmen. Resultat ist dann oft, daß Sie hinterher immer noch nicht wissen,
wie man's macht. Besser wäre eine klar definierte Bitte:

*Ich wäre dir dankbar, wenn du mir zeigen würdest, wie das
mit dem Programmieren des Videorecorders geht. Ich möchte es
aber selbst machen, damit ich es mir einpräge.*

Wenn Sie klar sagen, was Sie möchten und was nicht, laden
Sie keine ungebetenen Retter ein. Dazu gehört auch, Retter,
die Ihnen zu einem Problem unerbetene Ratschläge geben,
zu stoppen mit klaren Botschaften wie diesen:

Mir genügt es, wenn du mir im Moment einfach nur zuhörst.

*Ich möchte dir gern erzählen, wie ich mich gerade fühle. Ich
will keinen Rat.*

Dadurch vermeiden Sie, daß Sie miteinander «Ja, aber»
spielen, der übliche Weg, um unerwünschte Ratschläge ab-
zuwimmeln.

⟩⟩⟩⟩   Zum Umgang mit Verfolgern

Mit Verfolgern umzugehen ist immer eine Herausforderung an das eigene Selbstbewußtsein, denn obwohl Sie von Verfolgern Aggression und Abwertung erfahren, sollten Sie darum bemüht sein, sich nicht aus Ihrer inneren Balance und Ihrem bewußten Ich bringen zu lassen.

Erinnern Sie sich als erstes daran, daß Verfolger genauso wie Opfer und Retter letztlich aus der Idee heraus handeln, minderwertig zu sein, und sich unsicher fühlen. Sie haben bloß einen anderen Weg gewählt, um ihre Gefühle zu verbergen und mit ihrer Unsicherheit umzugehen, nämlich durch eine Haltung der übersteigerten Überlegenheit.

«Verwöhnen» Sie Verfolger

Meine erste Empfehlung mag zugleich die größte Herausforderung an Sie sein: Versuchen Sie die hinter den Vorwürfen eines Verfolgers stehenden Bedürfnisse zu erkennen und erkennen Sie diese an. «Verwöhnen» Sie ihn mit Zuwendung und Anerkennung, denn Ärger, Unfreundlichkeit, Anklagen und übermäßiges Kritisieren anderer kommen oft aus dem Gefühl, selbst nicht anerkannt zu werden und nicht o.k. zu sein.

Das folgende Beispiel erzählte eine Seminarteilnehmerin, nennen wir sie Monika. Eine Bibliothekarin einer Uni-Bibliothek war berüchtigt dafür, daß sie streng darauf achtete, daß alles seinen korrekten Gang ging. Von den Studenten wurde sie der «Drachen» genannt, und alle gingen ihr nach Möglichkeit aus dem Weg. Monika begann ihr Studium an der betreffenden Uni, machte mit dem «Drachen» ihre ersten Erfahrungen und dachte an all die Jahre, die sie mit dieser Frau zu tun haben würde. Dann entschied sie sich, die Bibliothekarin aus der Rolle des Ungeheuers zu befreien. Sie brachte ihr einen Blumenstrauß und sagte: «Das ist dafür, daß Sie sich ständig mit uns herumschlagen müssen. Denn das ist bestimmt keine leichte Aufgabe, sich tagtäglich mit uns jungem Volk auseinandersetzen und dafür sorgen zu müssen, daß alles seine Ordnung hat.» Die Angestellte verhielt sich ab diesem Zeitpunkt wesentlich entspannter und lockerer.

Wenn ich dieses Beispiel erzähle, bekomme ich in meinen Seminaren oft Einwände zu hören wie «Das ist doch Bestechung!» oder «Ist das nicht schleimig, wenn ich zu jemandem, den ich eigentlich furchtbar finde, besonders nett bin?» Bei dieser Art des Vorgehens kommt es sehr auf ihre innere Haltung an. Wenn es nicht von Herzen kommt und mit einer freundlichen und wohlwollenden Einstellung der anderen Person gegenüber verbunden ist, wird der andere dies spüren. Wenn Sie innerlich nicht bereit sind, sich in die Lage eines Verfolgers hineinzuversetzen, um daraus Verständnis für ihn zu empfinden, wird eine solche Geste nicht überzeugend sein und nicht wirken.

Für manche mag das ein gewaltiger Sprung über das eigene Ego sein, jemandem, der unfreundlich ist, mit besonderem Verständnis und Freundlichkeit zu begegnen, doch er bewirkt Wunder, denn Verfolger leiden immer unter Zuwendungsmangel.

Oft können Sie Verfolgern auch den Wind aus den Segeln nehmen, indem Sie Kritik einfach überhören und mit einer humorvollen Bemerkung reagieren. Zum Beispiel könnten Sie auf den Vorwurf «Bei diesem Brief haben Sie ja schon wieder die Hälfte der Anlagen vergessen» die Aggression überhörend in einem freundlichen Tonfall erwidern:

Oje, das hätte ich beinahe übersehen. Wie gut, daß wenigstens Sie aufpassen.

Aber geben Sie acht, daß diese Bemerkung nicht ironisch gerät, denn das wäre eine Form von Gegenhalten, mit der Sie einen Konflikt schüren, statt die Wogen zu glätten.

Vielleicht fragen Sie sich jetzt, wie Sie das beispielsweise in Ihrer Firma mit Ihrem schwierigen Chef in die Tat umsetzen sollen.

Erinnern Sie sich an das Beispiel «Überstunden abbummeln» (S. 82).

Begeben Sie sich nicht in die Kontraposition

Mit einem Menschen in Verfolger-Haltung, also einer Person, die von ihrem Standpunkt total überzeugt ist und Sie persönlich angreift, sind Konfliktsituationen besonders schwierig zu lösen. Eine überraschende Wendung können solche Auseinandersetzungen nehmen, wenn Sie sich an das Prinzip der asiatischen Kampfkünste erinnern: Nicht gegen den Widerstand ankämpfen, sondern mit der Energie mitgehen. Übersetzt heißt das: Wenn Sie, statt gegen die andere Position zu argumentieren, sich in den Standpunkt Ihrer Konfliktpartnerin einzufühlen versuchen und ihren Standpunkt in eigenen Worten ausdrücken, erleichtern sie der anderen Person, etwas von ihrer Position abzurücken oder sie aufzugeben. (Einfühlendes Zuhören ist ja ohnehin eine der wichtigsten Fähigkeiten im Konfrontationsgespräch, siehe das Kapitel «Auf Konfliktpartner reagieren», S. 71).

Verwickeln Sie sich nicht in Rechthabereien

Die Energie für Rechthaber-Spiele kommt oft aus dem Verfolger, zum Beispiel weil wir meinen, uns gegen Vorwürfe zur Wehr setzen oder auf einer Meinung bestehen zu müssen. Sie können einem unergiebigen Schlagabtausch ausweichen, indem Sie, statt auf etwas zu beharren oder sich rechtfertigen zu wollen, mit Einfühlung reagieren. Mit etwas Verständnis für andere können wir uns viele erbitterte Diskussionen ersparen, in denen es um nichts geht, außer sich gegenseitig die Schuld zuzuschieben oder eben recht zu behalten.

Vera Birkenbihl, eine bekannte Autorin und Kommunikationstrainerin, beschreibt die Dynamik des Rechthabenwollens folgendermaßen: «Ich erkläre Ihnen, daß Sie unrecht haben, und mache folgendes: Weil ich unfähig bin, Ihnen zuzuhören und mitzudenken, wie Sie mir Ihre Insel [gemeint ist die eigene Sichtweise zu einer Sache] beschreiben, verbiete ich Ihnen das Wort und beschreibe Ihnen meine Insel. Damit füge ich Ihnen genau das zu, was ich nicht fähig bin zu ertragen. Und das nenne ich gute Kommunikation, und wenn Sie nicht mitspielen, sage ich: ‹Sei doch vernünftig.›» (Aus: Alpha. Sendereihe des Bayerischen Fernsehens)

Fordern Sie Verfolger zu klaren Botschaften und zu positivem Feedback auf

Wenn jemand anzügliche oder versteckt aggressive Bemerkungen macht – also aus dem rebellischen Verfolger kommt –, dann fordern Sie ihn zu klarer Mitteilung auf.

Beispiel: Jemand sagt mit gereiztem Unterton: «Gut, wir werden es so machen, wie Sie das wollen. Sie sind hier der Chef!» – Haken Sie nach:

Ihre Bemerkung hört sich an, als wenn Sie mit meiner Entscheidung nicht ganz zufrieden sind. Mir liegt viel daran, daß Sie diese Entscheidung mittragen können. Möchten Sie mir sagen, welche Bedenken Sie haben?

Damit fordern Sie die andere Person auf, direkt zu kommunizieren statt indirekt.

Verfolger reagieren gewohnheitsmäßig aus einem ärgerlichen Gefühl und kritisieren in abwertender Form. Je mehr es Ihnen gelingt, das nicht persönlich zu nehmen und innerlich Distanz zu wahren, um so leichter kommen Sie mit ihnen klar. Holen Sie sich einfach das positive Feedback, wenn Sie es nicht bekommen.

Beispiel: Vorgesetzter als Verfolger: «In diesem Bericht wimmelt es ja von Ungereimtheiten.» Der Mitarbeiter läßt sich nicht aus der Ruhe bringen (begibt sich somit nicht in die Opfer-Haltung), sondern fragt souverän nach:
Bitte würden Sie mir sagen, was Sie damit meinen? – Und ich würde auch gern wissen, was Sie zu den Vorschlägen meinen, die wir erarbeitet haben.

Wie Sie durch gewitzte Reaktionen Verfolger entwaffnen

Die «Provokative Therapie» (siehe auch Höfner/Schachtner: Das wäre doch gelacht) hat zum Umgang mit Verfolgern eine Menge Tips auf Lager, von denen ich Ihnen zwei vorstellen möchte.

Verschreiben Sie Verfolgern, was sie ohnehin schon machen.
Beispiel: Sie halten einen Vortrag, und ein Zuhörer unterbricht Sie penetrant und meint, die Schwachstellen Ihres Modells aufdecken zu müssen (eine Situation, die mich manchmal zur Verzweiflung bringt). Statt gegen ihn anzukämpfen, empfiehlt Schachtner folgendes zu sagen:
Bei dem Modell, das ich Ihnen hier vorstelle, gibt es wie bei jedem Modell Schwachstellen. Ich finde es sehr hilfreich, daß jemand darüber wacht, diese Fälle zu entdecken, und darauf aufmerksam macht, wo die Grenzen dieses Modells liegen.

Eine Bemerkung dieser Art sollten Sie möglichst frühzeitig machen, sobald sich das Muster eines übereifrigen Kritikers abzeichnet. Der Vorteil ist, daß die Kritik dann nicht mehr länger als eine lästige Störung von den Zuhörern erlebt wird, sondern von Ihnen als erwünschter Beitrag definiert wurde. Meist hat der «Kritiker» aber nicht das Bedürfnis, diese ihm indirekt nun «zugeschriebene» Sonderrolle zu übernehmen, und stellt seine Bemühungen ein.

Sollte Ihr Kritiker das nicht tun, läge es natürlich an Ihnen, seine Beiträge in den Vortrag zu integrieren, zum Beispiel mit der Bemerkung:

Das mag jetzt so ein Fall sein, wo dieses Modell nicht funktioniert. Doch da es in 95 % der Fälle funktioniert, schlage ich vor, daß wir uns auf diese 95 % konzentrieren. Es bleibt letztlich Ihnen überlassen, später zu entscheiden, wo Sie das Modell für nützlich halten und es einsetzen wollen und wo nicht.

Eine Kritik als Kompliment mißverstehen.
Eine weitere Empfehlung aus der Provokativen Therapie zum Umgang mit Kritik ist, kritische Bemerkungen einfach als Kompliment «mißzuverstehen». Beispielsweise: Sie tragen ein neues Kleid, und jemand sagt mit kritischem Blick auf Ihr Kleid: «Also Hosen stehen dir bei deiner Figur einfach besser.» Sie können sich ganz naiv stellen und sagen:

Ich hätte nicht gedacht, daß du so begeistert bist. – oder
So etwas Nettes wurde mir schon lange nicht mehr gesagt.

Ein zweites Beispiel: Eine junge Frau erzählte, daß ihr zwei mißgünstige Freundinnen bei einem Kaffeeklatsch sagten: «Obwohl du lange blonde Haare hast, was ja bei Männern ungeheuer gut ankommt, siehst du irgendwie langweilig aus.» Sie könnten aus der Kritik nur das Kompliment heraushören und sagen:

Es freut mich zu hören, daß bei mir die Basis, um bei Männern Erfolg zu haben, stimmt.

Manche der Empfehlungen zum Umgang mit aggressiven Verfolgern, die Sie in manchen Ratgeber-Büchern finden, finde ich allerdings fragwürdig – beispielsweise die, auf Vorwürfe und Anfeindungen mit indirekten Aktionen zu reagieren. Wenn Ihr Vorgesetzter sagt: «Das ist ja totaler Mist, den Sie da verzapfen», dann könnten Sie sagen: «Mist? Was genau meinen Sie, wenn Sie Mist sagen?» – Weitere Vorschläge sind: bei verbalen Angriffen das Thema wechseln oder ein Stichwort aufgreifen, aber nicht inhaltlich einsteigen, sondern von etwas anderem sprechen.'5'

Manchmal möchten wir unseren Kontrahenten gerne mit einem kessen Spruch überraschen. Wenn es jedoch nur noch darum geht, wie wir dem anderen eins auf die Nase geben, wird das sicher nicht zu einem entspannten Miteinander und einer produktiven Arbeitsatmosphäre führen. Denn bei dieser Strategie gehen Sie davon aus, daß Sie Ihr Gegenüber mit fairen Gesprächsstrategien nicht erreichen können und Sie nur mit Manipulationstechniken eine Chance haben, sich Ihrer Haut zu wehren.

Hartnäckige Verfolger und was Sie tun können

Manchmal helfen all unsere Einfühlung und unser Bemühen um eine klare Kommunikation nicht weiter: Es gibt auch aggressive Verfolger, bei denen es Ihnen trotz aller Bemühungen vielleicht nicht gelingt, sich auf sie einzustellen, so daß Sie die Geduld verloren haben.

Wenn Sie mit Ihren Bemühungen, fair miteinander umzugehen, einfach nicht weiterkommen, bleibt Ihnen als nächste Möglichkeit, Hilfe von außen zu holen, zum Beispiel durch Gruppensupervision '6' oder erfahrene Begleitung für ein Konfliktgespräch.

Wenn Sie keine Möglichkeit sehen, eine verfahrene Situation positiv zu verändern, sollten Sie nach Wegen suchen, wie Sie auf Distanz zu Ihrem Verfolger gehen können. Andernfalls laufen Sie Gefahr, daß sich die destruktive Dynamik wiederholt oder gar verschärft.

Auf Distanz gehen kann vielerlei bedeuten: Persönliche Trennung und jeden Kontakt abbrechen (zum Beispiel eine Beziehung beenden) oder räumliche Distanz herstellen (zum

Beispiel die Arbeitsbereiche trennen). Schwierig wird es dann, wenn Sie sich zwar Distanz zum Verfolger wünschen, aber das nicht möglich ist, ohne selbst große Opfer zu bringen, zum Beispiel weil Sie sich eine neue Wohnung oder eine neue Arbeitsstelle suchen müßten. Statt in endloses Lamentieren darüber zu verfallen und eine Mobbingsituation zu riskieren, in der Sie das Opfer sind, können Sie eine solche Situation als Anstoß nehmen für eine Neuorientierung. Zum Beispiel könnten Sie sich auf dem Arbeitsmarkt umschauen, bis Sie ein Betätigungsfeld finden, daß auch Ihrer Seele guttut. Ich kenne Menschen, die wegen einer unbefriedigenden Arbeitssituation sogar ihren Beruf gewechselt oder sich selbständig gemacht haben und hinterher hochzufrieden mit diesem Schritt waren.

>>>> Wie Sie sich davor bewahren, zum Verfolger zu werden

Wenn Sie um Ihre eigene Tendenz wissen, in die Verfolger-Haltung zu gehen, so können Ihnen die folgenden Hinweise vielleicht helfen, sich allmählich daraus zu lösen.

Suchen Sie nach den tieferen Ursachen für Ihren Ärger

Schnell ärgerlich und verfolgerisch zu reagieren ist eine seit langem eingeübte Gewohnheitshaltung. Um sie zu verändern, müssen Sie sich länger auf diese Thematik einlassen, zum Beispiel durch Tagebuchführen, Austausch in einer Gruppe und Ausprobieren neuer Verhaltensalternativen. Im ersten Teil dieses Buchs finden Sie viele Hinweise dazu, wie Sie Ihre Kommunikation hin zu einer gelasseneren Lebenshaltung verändern können. Manche Menschen brauchen auch Hilfe durch eine Psychotherapie, um hinter die tieferen Ursachen ihrer Wut zu kommen.

Solche Ursachenforschung können Sie auch selbst bestreiten. Manchmal gibt es nämlich einen konkreten Punkt, weshalb jemand wütend wird, wie im folgenden Beispiel.

Thomas erzählt seinem Freund, daß er seine Stelle kündigen wird, um sich selbständig zu machen. Der Freund reagiert überraschenderweise sehr wütend: «Wie kannst du das in der jetzigen Wirtschaftssituation wagen, deine Stelle aufzugeben! Willst du uns bald auch als Arbeitsloser auf der Tasche liegen?» Als er länger darüber nachdenkt, warum er so wütend ist, wird ihm klar, daß er neidisch ist, weil er selbst schon lange mit dem Gedanken spielt, sich selbständig zu machen, aber bisher nicht den Mut zu einem solchen Schritt hatte.

Hier zeigt sich, daß es lohnend sein kann, bei sich selbst nachzuspüren: *Weshalb bin ich jetzt so ärgerlich? Was geht in mir vor? Was fürchte ich, nicht zu bekommen?* – Dies ist besonders fruchtbar, wenn Sie feststellen, daß Sie ärgerlicher oder gereizter sind, als Sie es von sich kennen. Manchmal hilft dann der Entschluß, sich einfach nicht mehr über dies und das aufzuregen.

Vermeiden Sie Du-Botschaften, Vereinfachungen und Verallgemeinerungen

Im ersten Teil dieses Buches habe ich sehr ausführlich dargestellt, daß jede Du-Botschaft Be- oder Abwertungen enthält. Schärfen Sie Ihre Aufmerksamkeit für Du-Botschaften, denn sie sind die ersten Hinweise auf Verfolger-Tendenzen. Manche meiner Seminarteilnehmer kamen dabei zu der sie erschreckenden Einsicht, wie stark ihr Leben von der Verfolger-Haltung geprägt ist. Genauso wie bei einer Abhängigkeit von Zigaretten oder Alkohol bedarf es nach dieser Einsicht einer bewußten Entscheidung: Ich möchte damit aufhören, die Schuld immer bei anderen zu suchen.

Starre und vereinfachende Denkraster («Die Asylanten

wollen sich bei uns bloß einen faulen Lenz machen») und Killerphrasen sind ebenfalls Hinweise auf Abwertung, denn mit ihnen blenden wir zwangsläufig einen Teil der Wirklichkeit aus. Das beste Gegenmittel ist, sich selbst ausführlich über die Hintergründe einer Sache zu informieren. Das gilt auch für zwischenmenschliche Konflikte, in die Sie hineingezogen werden.

Kommen Sie Ihrem eigenen Anteil auf die Spur

In Konfliktsituationen holen wir uns gern Unterstützung aus unserem Freundeskreis. Das ist sicher naheliegend und verständlich. Doch hierin liegt auch eine Gefahr. Wenn Ihre Freunde und Freundinnen Sie ausschließlich in Ihrer Position bestärken (zum Beispiel Ihre Klagen über die andere Person kritiklos akzeptieren), ohne Ihnen auch dabei zu helfen, Ihrem eigenen Anteil an einem Konflikt auf die Spur zu kommen, dann erweisen sie Ihnen einen Bärendienst. Denn der Konflikt wird immer mehr polarisiert: dort das böse Ungeheuer – hier Sie armes Opfer. Sie werden bekräftigt in der Verfolger-Position: «Ich habe recht und der andere ist schuld.» Indem Sie Ihre Opfer-Version immer wieder anderen Unbeteiligten erzählen, wird diese immer weiter ausgebaut, und Sie entfernen sich immer mehr voneinander. Sie müssen sich dann einen größeren Ruck geben, wieder aufeinander zuzugehen.

Deshalb meine Empfehlung: Besprechen Sie einen Konflikt mit Ihnen nahestehenden Personen, um sich die nötige emotionale Unterstützung zu holen, aber geben Sie acht, wenn er zum Dauerthema im Kollegen-, Freundes- oder Familienkreis wird. Der eigene Anteil am Konflikt wird dann immer mehr ausgeblendet.

Beteiligen Sie sich nicht daran,
Sündenböcke zu suchen (Mobbing)

Die Dynamik von Mobbing (dem gezielten «Fertigmachen» von Kollegen/-innen) beruht darauf, daß eine Person immer mehr in die Rolle des Sündenbocks gerät und zum Außenseiter wird. Seien Sie wachsam gegenüber solchen Prozessen. Oft beginnt es damit, daß in Abwesenheit einer Person über sie geredet wird, weil sie in manchen Dingen anders oder nicht so in den Kreis integriert ist (zum Beispiel neu in der Gruppe ist oder einen Sonderstatus hat oder sonst irgendeine Besonderheit). An diesem Punkt sollten Sie stop sagen und darauf bestehen, daß Kritikpunkte mit der betreffenden Person gemeinsam besprochen oder im Team vorgebracht werden.

Außerdem sollten Sie ein aufmerksames Ohr für alle Du-Botschaften gegenüber anderen Menschen haben. Fordern Sie Menschen, die an andere Du-Botschaften richten, dazu auf, statt dessen über ihre Wahrnehmung (zum Beispiel bei einer Beschwerde über jemand anders), ihre Gefühle und Bedürfnisse zu sprechen (siehe hierzu das Beispiel S. 24).

Solche Situationen sind immer eine Herausforderung an Ihre kommunikative Kompetenz. Wenn Sie zu dem Schluß kommen, daß Sie einen solchen Vermittlungsprozeß nicht allein steuern können, sollten Sie Ihrem Team oder Vorgesetzten vorschlagen, einen Konfliktvermittler hinzuzuziehen, also einen Mediator, Moderator oder Supervisor (die Bezeichnungen dafür können unterschiedlich sein, doch die Aufgabe ist in diesem Fall ziemlich ähnlich). Gott sei Dank wächst in vielen Firmen und sozialen Institutionen die Einsicht und Bereitschaft, in die kommunikative Weiterbildung ihrer Mitarbeiterinnen und Mitarbeiter zu investieren und in verfahrenen Konfliktsituationen professionelle Hilfe zu suchen.

Und zum Schluß der Rat eines Zenmeisters: «Umarme deinen Ärger»

Ich möchte dieses Buch damit abschließen, noch einmal zwei Menschen zu Wort kommen zu lassen, die ihr Leben der Botschaft des Friedens und des gewaltfreien Umgangs miteinander gewidmet haben:

Thich Nhat Hanh, ein vietnamesischer Mönch, Zenmeister und Autor zahlreicher Bücher über ein Leben in Bewußtheit und Achtsamkeit, hat den Vietnamkrieg in seinem Land erlebt und dabei tiefe Einsichten über das Wesen und die Auswirkungen menschlicher Aggression gewonnen. Er schreibt: «*Friedensaktivisten auf der ganzen Welt [...] meinen, daß mit der Vernichtung der Atombomben der Krieg abgeschafft wird. Sie merken nicht, daß die Wurzeln unserer Bomben in unseren Körpern und Köpfen liegen. Wir müssen uns mit diesen Wurzeln beschäftigen. Ärger ist Energie; er ist Abfall. Wir müssen diese Energie erhalten und umwandeln.*»

Je mehr wir unseren Ärger zeigen, um so mehr laden wir die «Samen des Ärgers» ein emporzukommen, je mehr wir Ärger ausdrücken, um so ärgerlicher werden wir. Aber Thich Nhat Hanh ist auch klar, daß Unterdrücken genausowenig ein Weg ist, den Ärger loszuwerden. Statt Ausagieren und Unterdrücken empfiehlt er die buddhistische Haltung der Achtsamkeit: «*Wir unterdrücken ihn [den Ärger] nicht und laufen nicht vor ihm weg. Wir atmen einfach und halten unseren Ärger mit der größten Zärtlichkeit in den Armen. Sich über den Ärger zu ärgern, verdoppelt ihn nur und läßt euch noch mehr leiden.*» (Zitate aus einem Artikel von Thich Nhat Hanh)

In seinem Vorschlag für einen «Friedensvertrag», den wir miteinander schließen können, führt Thich Nhat Hanh aus, wie wir ein friedvolles Leben in die Praxis umsetzen können.'⁷' Dieser Vorschlag hat viele Gemeinsamkeiten mit den Empfehlungen, die Marshall Rosenberg, der Begründer der Gewaltfreien Kommunikation, zum Umgang mit Ärger gibt. Rosenberg sagt: «*Alles, was benötigt wird, ist, den Mund zu halten und weder etwas zu sagen, was den anderen in dem Moment beschuldigt, noch etwas zu tun, um den anderen zu bestrafen. Halten Sie inne, und tun Sie nichts, außer zu atmen ... Immer dann, wenn ich nicht in der Lage bin, anderen zuzuhören, liegt das daran, daß ich nicht genug hinhöre, was in mir selbst vorgeht.*»'¹⁸'

Dann empfiehlt Rosenberg folgende Schritte:

> **1** Bleiben Sie ruhig, und werden Sie sich der Gedanken bewußt, die Sie ärgerlich machen.
> **2** Verbinden Sie sich mit den eigenen Bedürfnissen hinter den Gedanken, und werden Sie sich der eigenen unerfüllten Bedürfnisse bewußt, die Ursache für den Ärger sind.
> **3** Überlegen Sie sich, welche Bedürfnisse die andere Person dazu gebracht haben könnten, so zu handeln, wie sie gehandelt hat, und drücken Sie dies mit Einfühlung aus.

Diese Empfehlungen kann vielleicht nicht jeder von uns sofort umsetzen, da es eine hartnäckige Gewohnheit sein kann, sich von Ärgergefühlen überschwemmen zu lassen. Eine Voraussetzung ist, daß wir den «Samen des Ärgers», wie Thich Nhat Hanh es nennt, als das wesentliche Problem im Umgang miteinander erkennen und bearbeiten wollen.

Erinnern Sie sich: Fair kommunizieren können wir nur lernen, wenn wir bereit sind, eigenes Verhalten in Frage zu stellen. Und das geht nur auf der Basis von Selbstakzeptanz und Vertrauen. Denn nur wenn wir uns sicher fühlen, können wir es uns erlauben, Fehler einzugestehen und uns zu verändern. In diesem Sinne wünsche ich Ihnen viel Selbstliebe und Mut zur Veränderung – und eine kräftige Portion Geduld mit sich selbst. Denn Sie werden sich immer wieder dabei ertappen, wie Sie in alte Kommunikationsmuster zurückfallen. Genauso wie wir über viele Jahre bestimmte Kommunikationsgewohnheiten eingeübt und praktiziert haben, werden wir auch Zeit brauchen, um neues Verhalten zu integrieren. Seien Sie freundlich zu sich selbst, dann können Sie es auch leichter gegenüber anderen sein. Und diese grundlegende Freundlichkeit ist letztlich das, was Faire Kommunikation ausmacht.

Anmerkungen

1 Mein erstes Buch «Faires Streiten – lebendige Partnerschaft» ist
   1994 erschienen bei Gräfe und Unzer in der Reihe «Ratgeber
   Leben». Hier habe ich das Konzept der Fairen Kommunikation
   am Beispiel Partnerschaft dargestellt. Da die Reihe eingestellt
   wurde, können Sie dieses Buch jetzt direkt über mich beziehen:
   Kosten 8 DM, zzgl. Versand 2 DM; ab 3 Exemplaren 6 DM pro
   Exemplar, zzgl. Versand 4 DM, bei Karin Mager, Clemensstr. 48,
   80803 München, Tel./Fax 089/3086934,
   E-Mail: karin.mager@web.de

2 Wichtige Impulse für das Konzept der Fairen Kommunikation
   bekam ich durch das «Selbstentfaltungstraining für Frauen» von
   Linda Adams (siehe auch ihr Buch «Frauenkonferenz») und
   durch das Training «Familienkonferenz» nach Thomas Gordon
   und seine Bücher (siehe Literaturhinweise) sowie durch die
   Seminare bei Marshall Rosenberg.

3 Hier die sechs Schritte der Jeder-gewinnt-Konfliktlösung:
   1: Bedürfnisse/Problemlage klären: Alle am Konflikt Beteiligten
      beschreiben genau ihre Bedürfnisse und ihre Anliegen.
   2: Brainstorming, um Lösungsideen zu sammeln: Lösungsideen
      werden am besten schriftlich oder mit Hilfe von Metaplan
      (Karten werden an eine Wand gepinnt) gesammelt, ohne sie
      zu bewerten.
   3: Bewerten und überarbeiten: Die Lösungsvorschläge kritisch
      bewerten und eventuell verändern oder streichen.
   4: Entscheiden: Die Beteiligten entscheiden sich gemeinsam
      für eine von allen akzeptierte Lösung.
   5: Umsetzung planen: Die Durchführungsschritte genau
      planen: Wer, was, wann, wo, wie oft?
   6: Überprüfen des Erfolgs: Einen Termin für die
      Erfolgskontrolle bzw. das Feedback vereinbaren.
   Die Jeder-gewinnt-Methode ist in allen Büchern von Thomas
   Gordon und Linda Adams sehr ausführlich dargestellt (zum Teil
   unter dem Titel «Niederlagelose Methode» oder «Methode
   III»).

4 Marshall Rosenberg ist ein amerikanischer Psychologe, der jetzt
   in der Schweiz lebt und in vielen Ländern der Erde –
   insbesondere auch in Krisengebieten wie Bosnien oder Israel –
   Seminare gibt. Er lehrte, wie wir auf friedenstiftende Weise
   miteinander leben können, wenn wir lernen, in

«Giraffensprache» (sein Synonym für Ich-Aussagen und Einfühlung) zu sprechen statt in «Wolfssprache» (sie steht für Abwertung und Du-Botschaften). Das Symbol der Giraffe hat er gewählt, weil sie das Landtier mit dem größten Herz ist und mit ihrem langen Hals einen guten Überblick hat. Ich habe ein paar seiner Beispiele im Buch wiedergegeben.

5 Zusammenfassung der Erzählung aus der Broschüre «Ein Workshop mit Marshall Rosenberg: Ärger einfühlend hören und ausdrücken» (das Beispiel beginnt auf Seite 7 und wird fortgesetzt auf Seite 15). Diese und weitere Broschüren können bestellt werden beim Verein zur Verbreitung der Gewaltfreien Kommunikation in Deutschland: CONEX, e.V., Seepromenade 8a, 14476 Groß-Glienicke, Tel. 033/2012 08 01/ Fax 033/2012 08 03.

6 Diese Kurzdarstellung wird der Komplexität des inner-psychischen Geschehens natürlich nicht gerecht. Wenn Sie sich intensiver mit dem Thema befassen möchten, empfehle ich Ihnen insbesondere die transaktionsanalytische Literatur zum Thema Maschen- bzw. Ersatzgefühle wie zum Beispiel die Einführung in die Transaktionsanalyse von Rautenberg/Rogoll: «Werde, der du werden kannst». Sehr informativ sind auch die Bücher von Daniel Goleman: «Emotionale Intelligenz» und Carol Tavris: «Wut – Das mißverstandene Gefühl».

7 Siehe hierzu Christoph Thomann: «Klärungshilfe: Konflikte im Beruf». Reinbek bei Hamburg 1998.

8 Längere Beispiele hierzu finden Sie in meinem ersten Buch «Faires Streiten – lebendige Partnerschaft» oder in den Büchern von Thomas Gordon und Linda Adams.

9 Einfühlende Reaktionen auf Du-Botschaften:
   1. Du wünschst dir mehr Offenheit von mir.
   2. Sie möchten Ihre Zeit nur in Projekte stecken, von denen Sie sicher sind, daß Sie auch funktionieren.
   3. Sie wollen mir damit sagen, daß es nicht Ihre Absicht war, mich zu verletzen.
   4. Du wünschst dir, daß dir bei diesem Problem jetzt jemand zur Seite steht.
   5. Dir wäre es lieber, wenn wir jetzt aufhören. (Auch wenn Sie das momentane Bedürfnis der anderen Person akzeptieren, können Sie trotzdem sagen, was Sie möchten, zum Beispiel zu einem anderen Zeitpunkt noch mal über die Sache zu sprechen.)

6. Dir ist das lästig, dich mit solchen Dingen befassen zu müssen.

Dies sind lediglich Anregungen für mögliche Antworten. Es lassen sich auch andere Formulierungen finden. Wie das Gespräch nach dem Entschärfen der Du-Botschaft oder Killerphrase weitergeht, beschreibe ich im Kapitel «Ein Konfrontationsgespräch erfolgreich führen».

10 Erläuterungen zu der Übung: Bedürfnis- oder Wertkonflikt:

1. Wertkonflikt, denn Sie kommen zwar in diesem Punkt nicht zusammen, doch jede von Ihnen kann ohne die andere ihren Bedürfnissen nachgehen. Ein Bedürfniskonflikt wird es dann, wenn Ihre Zeit sehr beschränkt ist, Sie gern etwas Gemeinsames mit Ihrer Tochter machen möchten und sich Bewegung wünschen, während Fernsehen Ihnen keinen Spaß macht. In diesem Fall wären Sie, wenn Sie auf den Wunsch der Tochter eingingen, konkret in der Befriedigung Ihres Bedürfnisses beeinträchtigt und könnten in diesem Sinn argumentieren.

2. Eindeutiger Wertkonflikt, denn was Ihr Sohn lieber tut, ist seine Sache.

3. Bedürfniskonflikt, sofern Sie Ihrer Partnerin klarmachen können, warum das gelegentliche Zusammensein mit Ihren Freunden Ihnen ein Bedürfnis und für Ihre seelische Ausgeglichenheit wichtig ist.

4. Bedürfniskonflikt, denn Sie können damit argumentieren, daß Sie durch eine unpassende Kleidung der Mitarbeiterin Schaden für Ihr Unternehmen befürchten (Kunden könnten die Firma nicht für seriös halten).

5. Wertkonflikt, sofern Sie nicht beeinträchtigt werden.

11 Ich habe mich hier von den Vorschlägen von Linda Adams in ihrem Buch «Frauenkonferenz» inspirieren lassen.

12 Wenn Sie mehr über Psycho-Spiele wissen möchten: Eric Berne hat diesem Thema ein ganzes Buch gewidmet: «Spiele der Erwachsenen» (rororo). Eine sehr gute Beschreibung der verbreitetsten Psycho-Spiele finden Sie auch in dem Buch von Gührs/Nowack (siehe Literaturauswahl).

13 Ein Minderwertigkeitsgefühl ist strenggenommen kein Gefühl, sondern eine Vorstellung oder ein Bild von uns selbst. Da viele Menschen diese Idee, minderwertig zu sein, aber als einen schmerzhaften Gefühlskomplex erleben, benutze ich diesen Ausdruck als eine Art Kürzel.

14 Ein empfehlenswertes Buch zum Umgang mit dem inneren Kritiker: Hal und Sidra Stone: Du bist richtig. Heyne TB.

15 In der Transaktionsanalyse wird diese Strategie Redefinieren genannt und gilt als destruktive Kommunikation.

16 Supervision kann ein Gruppengespräch unter professioneller Leitung durch eine Supervisorin (häufig im sozialen Bereich) sein oder ein Einzelgespräch zur Reflexion einer beruflichen Tätigkeit, beispielsweise als Psychotherapeutin.

17 Mehr dazu finden Sie in Thich Nhat Hanhs Buch «Ich pflanze ein Lächeln» und in «Das Glück, einen Baum zu umarmen» (siehe insbesondere das Kapitel «Friedensvertrag»).

18 Aus der Broschüre «Ein Workshop mit Marshall Rosenberg: Ärger einfühlend hören und ausdrücken», S. 18, CONEX siehe auch Anmerkung 5).

Literaturauswahl

Linda Adams
Frauenkonferenz, Heyne TB

Thomas Gordon
Das Gordon-Modell. München 1998 (Heyne TB)
Familienkonferenz. München 1989 (Heyne TB)
Die Neue Familienkonferenz. München 1994 (Heyne TB)
Managerkonferenz. München 1995 (Heyne TB)
Lehrer-Schüler-Konferenz. München 1989 (Heyne TB)

Karin Mager
Faires Streiten – lebendige Partnerschaft. München 1994 (Nicht mehr
im Buchhandel erhältlich, Bezugsmöglichkeit s. Anmerkung 1, S. 183)

Marshall Rosenberg
Gewaltfreie Kommunikation – Verschiedene Skripte,
Seminarmitschriften und Infos zum Arbeitskreis Gewaltfreie
Kommunikation sind erhältlich bei Isolde Teschner,
Tel. 089/980649, sowie bei CONEX, Tel. 033201/20801, Fax 20803

Friedemann Schulz von Thun
Miteinander reden 1.–3), Reinbek bei Hamburg 1998 Rowohlt TB
(Ein ausgezeichneter Überblick über verschiedene Aspekte der
Kommunikation.)

Thich Nhat Hanh
Ich pflanze ein Lächeln. München 1991 (Goldmann TB)
Die Sonne, mein Herz. Berlin 1998 (Theseus)
Das Glück, einen Baum zu umarmen, München 1997 (Goldmann TB)
(Diese und andere Bücher des Zenmeisters leiten zu innerem Frieden
und zu einem achtsamen Leben an)

Kommunikation im Beruf:

Kris Cole
Kommunikation klipp und klar. Weinheim 1996 (Beltz)
(Sehr übersichtlich und klar)

Christof Besemer
Mediation – Vermittlung in Konflikten, Pazifik-Materialvertrieb,
Tel. 0721–552270/Fax 0721–558622

Roger Fisher, Scott Brown
Gute Beziehungen. München 1995 (Heyne TB)
(Einführung in Verhandlungsführung nach dem Harvard-Konzept)

Gührs / Nowak

Das konstruktive Gespräch. Limmer Verlag
(ein Leitfaden auf Basis der Transaktions-Analyse – sehr lohnend)

Eleonore Höfner, Hans-Ulrich Schachtner

Das wäre doch gelacht! Reinbek bei Hamburg 1996 (Rowohlt TB)
(Provokative Therapie für Therapeuten; und zwar überzeugten mich
manche Beispiele nicht so ganz, doch insgesamt ein Fundus von
Anregungen zum Humor in der Kommunikation miteinander)

Deborah Tannen

Job-Talk. München 1997 (Goldmann TB)
(Betrachtet Kommunikation stärker von der sprachanalytischen Seite)

Christoph Thomann

Klärungshilfe: Konflikte im Beruf. Reinbek bei Hamburg 1998
(Rowohlt TB)
(Sehr nützliches Handbuch für professionelle Klärungshelfer)

Christian-R. Weisbach

Professionelle Gesprächsführung. München 1997 (dtv

Kommunikation in der Partnerschaft:

George Bach, Peter Wyden

Streiten verbindet, Keine Angst vor Aggression. Frankfurt a. M. 1995
(Fischer TB)
(Über den konstruktiven und intimitätsfördernden Ausdruck von
Aggression)

John Gray

Männer sind anders. Frauen auch. Goldmann TB
(über männlichen und weiblichen Kommunikationsstil)

Kathlyn und Gay Hendricks

Liebe macht stark, München 1992 (Mosaik)

Michael Lukas Moeller

Die Wahrheit beginnt zu zweit. (Rowohlt TB)
(«Zwiegespräche» zur Intensivierung der Partnerschaft)

Hal und Sidra Stone

Abenteuer Liebe. München 1997 (Kösel)
(Zum tieferen Verständnis von Kommunikations- und Bindungsmustern
in intimen Beziehungen)
Du bist richtig. München 1996 (Heyne TB)
(Zum Umgang mit dem inneren Kritiker)

Zum Thema Opfer-Retter-Verfolger-Dynamik (Transaktions-Analyse):

Eric Berne
Spiele der Erwachsenen. Reinbek bei Hamburg
(Der Klassiker zum Thema Psycho-Spiele)
Gührs / Nowak
Das konstruktive Gespräch (siehe oben)
Amy Björk Harris, Thomas A. Harris
Einmal o.k. – immer o.k. (Rowohlt TB)
Thomas A. Harris
Ich bin o.k. – Du bist o.k. (Rowohlt TB)
Werner Rautenberg, Rüdiger Rogoll
Werde, der du werden kannst. Freiburg 1998 (Herder TB)
(Eine umfassende und leicht verständliche Einführung in TA)
Rainer Schmidt
Richtig miteinander reden. Paderborn 1998 (Junfermann)
(Kurze und prägnante Einführung in das Thema Psycho-Spiele in der Arbeitswelt)

Speziell zum Thema Co-Abhängigkeit (Opfer-Retter-Muster):

Melody Beattie
Unabhängig sein. München 1995 (Heyne TB)
Die Sucht gebraucht zu werden. (Heyne TB)
John Bradshaw
Das Kind in uns. München 1994 (Knaur TB)
Erika J. Chopich, Margaret PaulPaul
Aussöhnung mit dem inneren Kind. Berlin 1998 (Ullstein TB)
Steven Farmer
Endlich lieben können. (Rowohlt TB)
(Gefühlstherapie für erwachsene Kinder aus Krisenfamilien)
Pia Mellody
Verstrickt in die Probleme anderer. München 1991 (Kösel)
Pia Mellody, Andrea Wells Miller
Wege aus der Co-Abhängigkeit. München 1991 (Kösel)
Robin Norwood
Wenn Frauen zu sehr lieben. (Rowohlt TB)
(Ein Klassiker zum Thema Co-Abhängigkeit)